Sie träumen von der idealen Partnerschaft? Sie haben das Singledasein satt und möchten endlich wieder ein Leben zu zweit genießen? Ihre Beziehung ist eingerostet oder könnte etwas mehr »Pfeffer« vertragen? Vielleicht denken Sie sogar über Trennung nach und möchten noch einen letzten Versuch starten? Was auch immer Sie sich erhoffen – Feng Shui, die alte asiatische Wohn- und Lebenskunst, hat zu allen Liebeslagen praktische Tips und Tricks auf Lager: für mehr Liebe, Lust und Harmonie, mehr Lebendigkeit und Freude!

Inhalt

Frisches Chi für's Liebesleben 24

Lustvoll l(i)eben – Sinnlichkeit und Freude im Alltag 36

Die Kraft des Feng Shui

Was es ist und wie es funktioniert

Die alte Kunst des Feng Shui hat sich aus gutem Grund über tausende von Jahren in den unterschiedlichsten Regionen der Welt durchgesetzt. Ihre Geheimnisse sind heute faszinierender und attraktiver denn je. Feng Shui macht nicht nur Wohnungen zu Energiequellen, verhilft Büros zu einem kreativeren Arbeitsklima und Geschäften zu mehr Erfolg – Feng Shui for love kann auch Ihr Liebesleben so richtig in Schwung bringen.

Für Singles & Paare:

Liebesenergien in Fluß bringen

Feng Shui hat was mit Wohnen zu tun – soviel wissen Sie sicher. Aber wie kann das Ihr Liebesleben beeinflussen?

Was ist Feng Shui?

Feng Shui ist eine uralte chinesische Wissenschaft, angeblich vor 5.000 bis 6.000 Jahren entstanden. Sie lehrt, wie die Umgebung zu einer Quelle der Regeneration und Inspiration werden kann. Dazu muß die »Lebensenergie« in Fluß kommen – durch Farben, Licht und Accessoires können Sie zum Beispiel gezielt positive Energien ins Schlafzimmer lenken und Ihrem Liebesleben neue Impulse geben.

Alles rundum beeinflußt uns

Die Umgebung prägt uns mehr, als wir glauben. Stellen Sie sich vor, Sie blicken auf einen klaren Badesee oder eine schöne Landschaft. Merken Sie, wie sich Ihre Stimmung verändert, wie Sie sich entspannter und glücklicher fühlen? Der Gegensatz: Die Stadt mit Verkehrslärm, Hektik und wenig Grün – all das erzeugt Streß und Disharmonie, es kostet Lebenskraft.

Genau da setzt Feng Shui an: In der Wohnung können Sie mit Feng Shui wirksame Gegenmaßnahmen ergreifen – so wird sie zu Ihrer persönlichen Quelle der Lebenskraft.

Schlüssel zum Glück

Feng Shui ist der Schlüssel zu mehr Energie, Lebensglück und Erfolg. Spezielle Tips zielen darauf, daß sich auch Ihre Beziehung(en) ganz schnell zum Besseren verändern.
Sie finden hier ein Paket einfacher Maßnahmen, das weit über die Umgestaltung des Liebeszimmers hinaus auch Verhaltenstips der alten Meister zu Partnerfragen und Sexualität nahebringt. Mögen Ihre geheimsten Wünsche in Erfüllung gehen!

Feng Shui ist der Schlüssel zu mehr Energie, Lebensglück und Erfolg.

»Wind & Wasser« – Formel für's Glück

Feng Shui bedeutet »Wind und Wasser« – machtvolle Energien in der Natur. Der Name ist Programm, denn um Energien und ihren hilfreichen Einsatz geht es hier.

Alles ist Energie

Kennen Sie das elektrisierende Gefühl, wenn sich zwei Menschen tief in die Augen blicken und drauf und dran sind, sich zu verlieben? Hier das Energiewesen Mann, dort das Energiewesen Frau und zwischen beiden eine unbändige Anziehungskraft: Unsichtbare Energieströme verbinden die beiden.
In uns selbst und in allem, was uns umgibt, fließt gemäß Feng Shui Energie, die die Chinesen »Chi« nennen. Ein Berg ist trotz seiner dichten, materiellen Erscheinung genauso als Chi-Träger anzusehen wie ein Tisch, ein Haus, ein Bild, eine Farbe oder eine ganze Landschaft. Und diese Lebensenergie können wir alle spüren (leider meist nur unbewußt): Wir alle kennen Plätze, an denen wir uns besonders wohlfühlen (das Chi der Umgebung harmoniert dann mit uns – wie bei obigem Liebespaar), oder aber »etwas stört uns« (das Chi der Umgebung, eines Gegenstandes oder Menschen ist wesensfremd, wirkt irritierend).

Let it flow …

Wo Leben ist, fließt Chi. Und was in Fluß ist, verändert sich – die Natur zeigt, wie's geht: Alles ist hier dauernd in Veränderung, Pflanzen wachsen und vergehen, Tages- und Jahreszeiten wechseln …
Auch in Ihrem Körper und in Ihrer Wohnung sollte die Chi-Lebensenergie frei und unbehindert fließen. Dies ist die wohl wichtigste Feng-Shui-Regel: Fließende Energie ist Lebenskraft!
Wo Lebenskraft frei fließt, geht es uns gut, alles entwickelt sich weiter, kann wachsen und gedeihen.

Chi soll frei fließen

Erholen Sie sich zuhause genauso schnell wie am Urlaubsort? Nein? Dann öffnen Sie Türen und Fenster (frischer Sauerstoff bringt gutes Chi herein), und beginnen Sie, die Wohnungsenergie in Fluß zu bringen.

- Chi sollte fließen wie ein sich schlängelnder Bach. Sorgen Sie also dafür, daß sich die Menschen und die unsichtbaren Energieströme frei bewegen können: durch die

Chi soll in einem Raum frei und schwungvoll fließen können.

Anordnung der Möbel, durch Accessoires, die die Energie mobilisieren, zum Beispiel Mobiles oder frische Blumen, und durch belebende Farben.

Akupunktur im Raum

Staus im System würden zu unerwünschten Blockaden führen. Nach chinesischer Auffassung sind Energieblockaden im Körper Ursache für Erkrankungen. Mit Hilfe der Akupunktur werden solchen Blockaden aufgelöst und Energien wieder in Fluß gebracht.
Analog können Lebensprobleme Ausdruck eines Chi-Staus in der Wohnung sein. Feng Shui ist gewissermaßen Akupunktur im Raum, denn jede Harmonisierungsmaßnahme an einer bestimmten Stelle wirkt sich wohltuend auf das Gesamtsystem aus.

Allzuviel ist ungesund

Selbst die Lebensenergie Chi kann zuviel werden.

- Alle langen Geraden sind naturfremd, menschengemacht unnatürlich. Lange Flure wirken wie »Chi-Autobahnen«, sie beschleunigen das Chi einseitig, statt es wie beim Bach zirkulieren zu lassen. Dieser »Durchzug« läßt sich unterbrechen und ausgleichen durch geschickt plazierte Möbel, Pflanzen, Statuen, einen energieverteilenden runden Teppich, Lampen, Mobiles oder an der Decke befestigte Regenbogenkristalle.
- Liegen sich Tür und Fenster direkt gegenüber, führt das zu Energieverlust und kann Unruhe verursachen. Auch hier helfen die vorhin genannten Maßnahmen.
- Scharfe Kanten verursachen *Schneidendes Chi* (auch Sha-Chi genannt), welches das Energiefeld des Menschen schwächen kann. Insbesondere wichtige Sitzplätze oder der Schlafplatz sollten nicht zu nahe an aggressiven Möbel- oder Mauerkanten stehen. Abhilfe schaffen Möbel mit gerundeten Kanten, abgerundete Mauerecken oder Pflanzen vor den Problemkanten.

info:

Alles Hokuspokus – oder was?

Jeder hat die Wohnung, die zu ihm paßt. Sie drückt die persönliche Art zu leben aus. Aber nicht nur das: Wir werden von der Umgebung auch ganz schön beeinflußt. In einem weißen Raum mit Möbeln in Schwarz und Metall werden Sie sich sicher anders fühlen als in einem holzgetäfelten Zimmer mit Omasofa ...
Indem wir Räume harmonischer einrichten und bewußt mit Dingen ausstatten, die ein bestimmtes Thema symbolisieren oder uns einfach erfreuen, können wir auf unsere Gefühle und unser Leben nachhaltig Einfluß nehmen. Eine mögliche Erklärung für die oft verblüffenden Resultate: Durch das aktive Verändern, die Symbolkraft der Maßnahmen und die wohltuende Wohnatmosphäre wird das Unterbewußtsein kraftvoll »umprogrammiert« und verursacht ab nun andere Alltagserfahrungen.

»Good vibrations« durch Raumreinigung

Putzen und Aufräumen sind Ihnen ein Greuel? Ach, das macht bei Ihnen die Zugehfrau? Sorry, aber ganz gleich, wie Sie bisher geputzt haben, es wird wohl zu wenig gewesen sein. Wie ich das behaupten kann?

Die Wahrheit: Es ist zwar sehr wichtig, mit Staubsauger, Besen und Lappen dem sichtbaren Schmutz zu Leibe zu rücken, doch damit erreichen Sie nur die Spitze des Eisberges. Aus Feng-Shui-Sicht ist ein Raum erst wirklich sauber, wenn auch die unsichtbaren »Störenergien« entfernt sind. Denn die Geschichte eines Platzes, also alle Ereignisse, die jemals dort stattgefunden haben, drücken Ihrem Umfeld einen Energiestempel auf. Selbst scheinbar harmlose Alltagsereignisse wie Streit, Gästebesuch oder der Einkaufsbummel bringen Ärger, Unruhe und fremde Energien ins Haus, die den harmonischen Energiefluß stören können.

info:

Yin und Yang – wie Frau und Mann

Mann und Frau ziehen sich an, sie ergänzen sich und benötigen einander. Nach chinesischer Tradition beruht unser Universum auf zwei gegensätzlichen, sich aber ergänzenden Prinzipien, genannt Yin und Yang. Überall in der Natur finden sich diese Pole: Tag/Nacht, hell/dunkel, kalt/warm ... Ist das Verhältnis ausgewogen, geht es harmonisch zu; überwiegt ein Teil, wird's unangehm. Auch in der Wohnung sollten Yin und Yang insgesamt ausgewogen sein. Dabei darf in den Ruhe- und Regenerationszonen, im Schlafzimmer beispielsweise, die beruhigendere Yin-Qualität überwiegen (Yin = ruhig, passiv, empfangend) – durch Einrichtung, Farben, Licht und Materialien. Typische Aktivzonen wie das Wohnzimmer oder der Arbeitsraum benötigen hingegen mehr Energien des Yang (aktiv, stimulierend, bewegt).

Alles klar? Hier noch einige Beispiele: Der Sommer ist aktiver und nach außen gerichteter (Yang) als der Winter (Yin). Leuchtende Farben wie Rot haben ebenfalls mehr Yang in sich als gedeckte und dunkle Farben. Wärme und Bewegung gilt als »yangiger« im Vergleich zu kühlen Temperaturen und Ruhe.

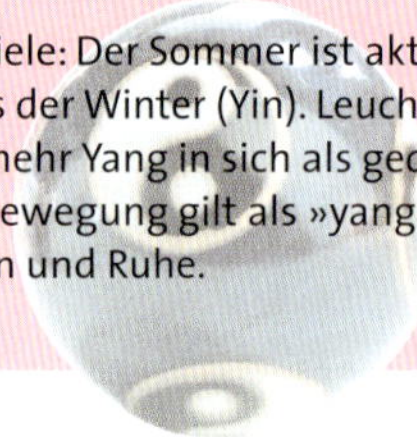

Drei goldene Regeln für's energiereiche Leben

1. Aufräumen: Überladene Regale, Zeitschriftenstapel in der Ecke, der vollgestopfte Kleiderschrank – sie alle führen zu Energiestau und schreien nach gründlichem Aufräumen und konsequentem Entmisten. Motto: Altes entfernen heißt Platz schaffen für das Neue (oder den Neuen/die Neue?).

2. Putzen: Nun geht's ans Putzen (am besten eigenhändig, weil Sie damit einen Bewußtseinsprozeß starten, der auch Sie selbst klarer werden läßt) – der Zwischen-

Damit können Sie Räume von alten Energien befreien: Salbei, Rosenwasser und Zimbeln.

schritt zur Harmonisierung Ihrer Wohnungsenergien.

3. Unsichtbare Energien entfernen: Bei uns zwar fast in Vergessenheit geraten, doch unbedingt notwendig, denn alles, was je in einem Raum geschah und auch von außen hereingetragen wurde, wird von Möbeln, Gegenständen und Zimmerwänden gespeichert. Im Laufe der Zeit kann dies zu einem problematischen »Müllberg« anwachsen. Ungereinigte Räume wirken »müde«, die Stimmung sinkt, insgesamt läuft vieles mühsamer. Räucherungen, Düfte, klärende Visualisierungen oder der Klang von Glocken, Zimbeln oder Klangschalen befreien Räume und Möbel von den anhaftenden Energien.

Energetische Reinigung

Einfach und pfiffig für wenig belastete Räume (Zutaten in Duft- und Alternativ-Läden):

- Machen Sie eine Räucherung mit getrocknetem Salbei (Buchtips Seite 46), und wenden Sie dann Rosenwasser an:
- Verdünnen Sie 1 ml naturreines Rosenöl mit 10 bis 20 ml Alkohol in einem Braunglasfläschchen. Geben Sie 2 bis 3 Tropfen dieser Mischung in Ihr letztes Reinigungswasser.

Mit einem sauberen Lappen können Sie nun Möbel, Bilder, Wände und Böden von unsichtbar anhaftenden verbrauchten Energien befreien. Am besten reservieren Sie spezielle Reinigungsutensilien nur für diesen letzten Reinigungsgang mit Rosenwasser. Die Freude über die klarere, offenere und hellere Ausstrahlung Ihrer Räume wird Sie vielfach für die Mühe entlohnen.

Jedem das Seine

Die wichtigste Regel, wenn Sie anfangen, Ihre Wohnung umzugestalten: Mit allem, was Sie tun, sollen Sie sich wohlfühlen! Nur dann können die Maßnahmen wirken. Für Ihre Partnerschaft ist speziell die Gestaltung des Schlafzimmers wichtig. Doch wie können Sie das Beste für Ihre bestehende (oder zukünftige) Beziehung herausholen? Wie sollte Ihr Liebesnest idealerweise aussehen? Sonnenklar: Alles, was Ihren Lebensraum harmonischer macht, bläst neue Energien wie frischen Frühlingswind durch Ihre Beziehung.
Wenn Sie dann noch Ihre »Partnerzonen« aktivieren (Seite 23), wird's womöglich bald recht stürmisch zugehen in Ihrem Schlafzimmer. Entscheidend: Finden Sie Ihren »Liebestyp« heraus (Seite 10), Ihre individuellen Vorlieben – denn daraus ergibt sich die perfekte Schlafzimmergestaltung. Und dann: Viel Vergnügen!

Test!

Erkennen Sie sich wieder?

Lesen Sie die Eigenschaften der fünf »Typen« genußvoll durch, und suchen Sie jenen heraus, in dem Sie sich am ehesten wiedererkennen. Es gibt übrigens keine »reinen« Typen – ein bißchen gemischt geht es immer zu. Wenn Sie also beispielsweise bei Typ A, C und D passende Aussagen finden, dann schauen Sie einfach, wo Sie die meisten Punkte zusammenbekommen – an diesem Typ orientieren Sie sich im folgenden.

Typ A

- So schnell macht Ihnen keiner ein X für ein U vor. Sie verfügen über eine ausgezeichnete Vorstellungskraft und durchschauen auch schwierigste Zusammenhänge blitzartig.
- Sie können sich nicht nur hervorragend konzentrieren, Sie streben kraftvoll selbst die unerreichbarsten Ziele an.
- Ohne ordentliche Planung kein vernünftiges Leben.
- Schlamperei bringt Sie zur Raserei. Für Sie gilt nur der höchste Standard.
- Immer mit einem Partner zusammenzusein, wäre Ihnen auf Dauer unerträglich. Sie suchen auch die Einsamkeit.
- Sie sind von Natur aus neugierig, Technik fasziniert Sie.
- Unkontrollierbare Situationen sind Ihnen ein Greuel.
- Ihre Lieblingsfarben: weiß oder grau.
- Sie wirken oft abwehrend und zurückgezogen, auch arrogant oder autoritär. Aber das ist schon gut so.
- Mit schwierigen Situationen werden Sie selbst fertig, denn alles läßt sich logisch erklären. Gefühlsduselei ist Ihnen unerträglich.
- Räume sollen funktional sein, dem Wohnen oder Arbeiten dienen, Pflanzen wären nur lästig.

Typ B

- Ihr Leben ist wie ein Bach: beweglich und flexibel. Sie versuchen stets, beide Seiten einer Sache gut zu verstehen.
- Sie wirken sympathisch, liebevoll und kümmern sich aktiv um andere.
- Ihre Gabe: gut zuhören.
- Ihrem Umfeld erscheinen Sie als ruhig, ehrlich und vertrauenswürdig. Geheimnisse würden Sie unter keinen Umständen weitererzählen.
- Im Rampenlicht zu stehen, ist Ihnen überhaupt nicht wichtig, viel lieber wirken Sie im Verborgenen.
- Im Allgemeinen wissen Sie sehr genau, was Sie wollen.
- Ihre Fähigkeit: Mit Überzeugungskraft andere Menschen zu motivieren.
- Sie schöpfen tiefe Erkenntnisse aus Ihrem Inneren, halten aber Ihre Gedanken solange zurück, bis Sie sich ganz sicher sind. Daher erscheinen Sie manchen als Geheimniskrämer.
- Sie können sehr empfindlich reagieren und benötigen viel emotionale Zuwendung.
- Sie lieben die Farbe schwarz, suchen die Dunkelheit und die Stille.
- Wohlbekannt: Angst oder Depression.

Typ C

- Sie sind kreativ, einfühlsam, abenteuerlustig und sensibel.
- Sie beeindrucken durch eine starke Ausstrahlung, ausdrucksvolle Stimme und Ihre leuchtenden klaren Augen.
- Sie lieben das Risiko.
- Ihr Pioniergeist und Ihre Offenheit führt Sie gerne und oft in Seminare.
- Sie sind intelligent, manchmal aber zu vertrauensselig.
- Sie können Ideen gut umsetzen oder finden jemanden, der sie durchführt.
- Sie sind ein guter Teamplayer mit hohen ethischen Werten.
- Sie lieben Kerzen, eine gemütliche Stimmung.
- Sie neigen aber auch zu plötzlichem Zorn oder extremen Stimmungsschwankungen, wirken vielleicht sogar unstet, sentimental, verspannt.
- Ihre Lieblingsfarbe ist Grün oder Hellblau.
- Sie suchen Aufmerksamkeit und sind oftmals unfähig, allein zu sein.
- Eine große Sehnsucht nach Wärme, Geborgenheit und Schutz liegt in Ihnen, gleichzeitig halten Sie es aber nicht aus, wenn es zu eng wird.
- Des öfteren muten Sie sich zuviel zu, neigen auch zum Übertreiben.

Typ D

- Sie sind weltoffen, reagieren spontan, sind sehr beweglich.
- Sie wirken energiegeladen, vielleicht neigen Sie zu Überaktivität, sind hitzig und rastlos.
- Sie haben durch Ihre große physische und intellektuelle Kraft eine charismatische Ausstrahlung.
- Sie können sich einer Sache enthusiastisch widmen. Sie »fliegen« Aufgaben regelrecht entgegen, anstatt im normalen Tempo darauf zuzugehen.
- In Ihnen schlummert eine unentdeckte dichterisch-poetische Ader.
- Sie agieren logisch, rational.
- Arbeit ist die beste Methode, die Alltagssorgen zu vergessen.
- Ihr Lebensmotto ist Leistung.
- Sie lieben die Farbe Rot.
- Sie reden gern und viel, verfügen über eine hohe Intelligenz, hören möglicherweise nicht immer aufmerksam zu. In manchen Situationen reagieren Sie etwas vorschnell, ohne über mögliche Folgen nachzudenken.
- Sie entscheiden sich zwar rasch, wechseln aber auch mal wieder Ihre Meinung.
- Auch Ihre Launen können sich schnell und intensiv verändern.
- Sie brauchen die ständige Herausforderung. Ansonsten sind Sie bald gelangweilt.

Typ E

- Ihr Auftreten: seriös, gereift und ausgeglichen.
- In Ihrer Gegenwart fühlt man sich sicher. Werden Sie gebraucht, sind Sie verläßlich zur Stelle.
- Ihr Motto: Realismus, Beständigkeit und Sicherheit. Haben Sie sich eine Meinung gebildet, bleiben Sie dieser auch treu.
- Veränderungen fallen Ihnen eher schwer.
- Im Urlaub erforschen Sie lieber einen Ort intensiv, als in der gleichen Zeit mehrere Städte zu besuchen.
- Übersicht und Loslassen fallen oft schwer – Sie sehen den Wald vor lauter Bäumen nicht.
- Sie bleiben auch in Krisensituationen ruhig, gelten als gutmütig und verläßlich.
- Manche bezeichnen Sie als stur, schwerfällig oder phantasielos.
- Ihre Lieblingsfarben sind Gelb oder Braun.
- Wichtig: Kontakt und Korrespondenz mit alten Freunden.
- Sie lesen gerne ein Buch zweimal oder sehen auch öfters den gleichen Kinofilm.
- Beruhigend: Ihre gute Hand für Geld und materielle Dinge.
- Bequemlichkeit und Komfort begeistern Sie.
- Nichts kann Sie mehr erfreuen als ein gutes, üppiges Essen.

Welcher Liebestyp sind Sie?

Wie gesagt: Jeder Mensch ist ein »Mischtyp« – für die Gestaltung des Schlafzimmers (Seite 15) reicht es aber völlig aus, wenn Sie sich nach Ihrem Hauptanteil richten. Sind Sie unsicher, bitten Sie doch einfach Ihren Partner um seine Meinung. Er wird erfahrungsgemäß die Aufgabe gerne und auch sehr treffend erfüllen. (Wenn Sie sich anschließend noch immer mögen, haben Sie nicht nur einiges über sich selbst gelernt, sondern auch die Krisenfestigkeit Ihrer Beziehung auf die Probe gestellt.) Sie könnten übrigens auch Ihren Ex-Partner um eine Zuordnung bitten. Sehr aufschlußreich!
Der Test basiert übrigens auf der chinesischen Lehre der Fünf Elemente, die Qualitäten und Eigenschaften von Menschen und Umwelt symbolisieren (Buchtip Seite 46).

Typ A

»Metall« – was zählt, ist der Erfolg

Mit großer Zielstrebigkeit werden Sie als »Metall-Mensch« Ihren Weg verfolgen. Von Natur aus gerne auch mal einsam, haben Sie das Talent, mit untrüglichem Instinkt das Rechte zur rechten Zeit zu tun. Auch der Erfolg in der Liebe kommt bei Ihnen nicht so ganz zufällig, er ist meist von langer Hand vorbereitet. Als Metall-Typ wirken Sie im Idealfall sehr ehrlich, weshalb man Ihnen auch gerne vertraut. Ihr Geschick zu sorgfältiger Planung läßt so manchen Abend zu einem unvergeßlichen Erlebnis werden. Spontaneität jedoch liegt Ihrem technik- und funktionsverliebten Naturell nicht so sehr und sollte daher vom Gegenüber nicht zu oft gefordert werden. Auch in der Liebe gilt: Alles sollte nach Plan laufen. Einen Partner, der Ihnen diesbezüglich entgegenkommt, werden Sie auf Händen durchs Leben tragen.

Typ B

»Wasser« – der tiefgründige Romantiker

Als »Wasser-Mensch« sind Sie der Liebestyp mit dem größten Tiefgang, immer auf der Suche nach tiefen Erkenntnissen. Ihre eher stille, verinnerlichte Art steht in krassem Gegensatz zur Außenorientierung des Holz- und Feuer-Typs. Meist ist damit eine starke Sexualität verbunden, der etwas Geheimnisvolles und Mystisches anhaften kann. Als Wasser-Mensch wissen Sie sehr genau, was Sie wollen – und bekommen es auch, mit Geduld und Ausdauer. Ihre Experimentierfreudigkeit ist dabei relativ begrenzt: Sobald Sie etwas für richtig befinden, möchten Sie es gerne beibehalten. In der Liebe sehnen Sie sich nach einer tiefen Vertrauensbeziehung, die Sie dann in romantische und sehr intensive Liebeserfahrungen umsetzen.

Typ C

»Holz« – kreativ, sinnlich und verspielt

Als »Holz-Mensch« sind Sie der kreativste unter allen Liebestypen. Sie schätzen verspieltes Experimentieren ohne Tabus. Verliebtes Herumalbern und Kichern beim Liebesspiel mögen Sie genauso wie verschmustes Kuscheln oder wildes Herumgebalge. Ihre verführerische Ausstrahlung leben Sie vor allem über Ihre Augen, deren tiefgründiger Ausdruck von Herzensbindung und Vertrauen erzählt. In Ihrer Umgebung kann man sich gut entspannen. Sie überlassen vertrauensvoll auch mal Ihrem Partner die Führung, sind aber stets zu neuen Schelmereien bereit. Ihr Auftreten hat auch im Alter etwas Jugendliches.

Typ D

»Feuer« – mit Elan und Leidenschaft

Sie haben das Zeug zum Abenteurer. Viele »Feuer-Menschen« gelten als besonders stürmisch und leidenschaftlich. Achten Sie aber darauf, mit Ihren Energien sorgsam umzugehen, weil sie sonst wie ein Strohfeuer verpuffen können.
Nichts ist Ihrem Feuer-Naturell zu ausgefallen: Um Langeweile zu vermeiden, versuchen Sie daher gerne immer wieder mal was Neues. Ihre Offenheit und Ihre schnelle Auffassungsgabe lassen Sie aus jeder Situation rasch das beste herausholen – Ihr Witz und Esprit werden Ihren Partner sicher verblüffen und verzaubern.

Typ E

»Erde« – beständig auch in der Liebe

Da Sie als »Erde-Mensch« sehr viel Geborgenheit und Ruhe vermitteln können, wird sich Ihr Partner im vertrauten Zusammensein besonders sicher fühlen und leicht fallen lassen können.
Sie vertrauen auch im Liebesleben auf Ihre Stärken Kontinuität und Ausdauer. Besonders liebgewordene Gewohnheiten und Praktiken werden Sie daher (nicht nur in der Liebe) immer wieder gerne aktivieren. Ein Partner mit Hang zu experimentellen Spielen wird Sie auf Dauer nur fesseln können, wenn zumindest hin und wieder auf Vertrautes und Bewährtes zurückgegriffen wird.
Als Genußmensch lieben Sie den Rausch der Sinne – köstliche Düfte, Speisen, Wein … Das Schönste für Sie: eine sinnliche Massage.

Raumstyling à la Feng Shui

Liebeszimmer und »Partnerecke« vom Feinsten

Haben Sie schon erlebt, wie eine gewisse Umgebung die Lust anheizen kann? Das Schlafzimmer hat eine besondere Bedeutung für die intimen Stunden zu zweit und für die Zeit »danach« – und sollte deshalb so eingerichtet sein, daß es Sie optimal in Stimmung bringt. Und mit Hilfe des Bagua und der Partnerzone können Sie noch einiges mehr für Ihr Liebesleben tun.

Das sinnliche Schlafzimmer

Das Schlafzimmer ist für Regeneration und Erholung der wichtigste Raum. Schließlich verbringen Sie im Bett viele, viele Stunden Ihres Daseins – und ohne ausreichend guten Schlaf würden Sie Ihres Lebens nicht mehr froh werden.
Was jedoch meist vergessen wird: wie wichtig dieser intimste aller Räume für eine funktionierende Partnerschaft ist. Beachten Sie daher die folgenden »essentials« bei Auswahl und Gestaltung Ihres Schlafzimmers.

Wer's stimmungsvoll und romantisch liebt, dabei leicht und unbeschwert: ein Betthimmel aus Tüll vermittelt außerdem Geborgenheit.

Die ideale Lage

- Der Schlafraum sollte im ruhigsten Teil der Wohnung liegen, also entfernt vom belebten Eingang, am besten im Obergeschoß.
- Planen Sie die Möblierung um das Bett herum! Lassen Sie es nicht zu, daß dominante Schränke den Schlafplatz vorbestimmen.
- Wählen Sie für das Bett den geschütztesten Platz im Raum: also mit dem Kopfende an einer geschlossenen Wand (ohne Türen und Fenster). Ungünstig ist es, wenn das Bett zwischen Tür und Fenster steht – das kann Schlafprobleme geben! Geht es nicht anders, können Sie den Durchzug (Seite 7) mit Hilfe eines Paravents oder Vorhangs unterbinden.
- Das Bett sollte beidseitig gut zugänglich sein, also nicht längs an der Wand stehen.

Der Streß muß rauß

Alles, was Unruhe und Aktivität symbolisiert oder was bedrückend wirkt, ist tabu in Schlafzimmern.
- Bücherschränke, der Schreibtisch oder Computer, Buchhaltungsordner, Fernseher und alle der »Tagesaktivität« zurechenbaren Gegenstände lenken Menschen, die

schwer entspannen können, vom Tiefschlaf ab.

- Bedrückende Bücherboards oder Schranküberbauten am Kopfende des Bettes, selbst ein wuchtiger Kronleuchter über dem Bett können Alpträume oder gar Schlaflosigkeit hervorrufen.
- Wie Sie sich betten, so liegen Sie. Was findet sich denn wohl unter Ihrem Bett? In der Bettzeuglade sollten ausschließlich Gegenstände des Schlafgebrauches sein. Also grundsätzlich: Raus mit belastenden Gegenständen!

Ihr ganz persönliches Liebeszimmer

Und wie steht's mit der Sinnlichkeit? Gestalten Sie eine erotisch-animierende Schlafzimmeratmosphäre ganz nach Ihrem persönlichen Stil (Seite 17). Bilder, aber auch alle anderen Einrichtungsgegenstände sollten Ihren intimen Bedürfnissen (und denen Ihres Partners, sofern Sie in einer festen Beziehung sind) entgegenkommen.

- Für eine stimmungsvolle Atmosphäre wählen Sie am besten weiche Textilien, die die Haut gleich mitverführen.
- Schaffen Sie eine dezente Beleuchtung. Legen Sie Kerzen und Streichhölzer bereit, und sorgen Sie mit einem Dimmer für weiches Licht.
- Auch Duftöle und Musik sorgen für Stimmung und helfen Ihnen, sich zu entspannen und das Zusammensein zu genießen.
- Verstauen Sie Sexspielzeug in einer Schublade, die Sie verschließen können. So sind sie vor den Kindern und der Putzfrau sicher.

Und nun zu Ihrem Bett: Ist es bequem? Fühlen Sie sich (beide) wohl darin? Haben Sie genügend Platz? Wie ist die Matratze? Ist sie zu weich oder zu hart? Quietscht Ihr Bett?

- Sorgen Sie für Abhilfe, wenn Sie irgendwas stört. Alles was stört, tötet die Lust.
- Die berühmte »Besucherritze« wirkt trennend und sollte überbrückt werden.

tip:

SCHLAFEN SIE IM BETT DER VORGÄNGERIN?

Sie wollen doch hoffentlich nicht dasselbe Schicksal wie Ihr(e) Vorgänger(in) erleben? Wenn Sie in die Wohnung Ihres Partners ziehen, der dort eine Trennung erlebte, sollten Sie bedenken: Aus energetischer Sicht ist die Trennungs-Vorgeschichte in den Wänden und Möbeln unsichtbar gespeichert.

- Ganz wichtig: eine energetische Reinigung (Seite 8).
- Nehmen Sie die Räume beherzt in Besitz, indem Sie Ihren eigenen Geschmack miteinbringen. Entfernen Sie Dinge, die die alte Partnerschaft symbolisieren.

Tun Sie alles – natürlich immer in Absprache mit Ihrem Partner –, um nicht die undankbare Rolle eines Gastes zu spielen.

Sie legen damit den Grundstein für eine kraftvolle, gleichberechtigte Partnerschaft. Übrigens: In gereinigten Räumen herrscht eine wesentlich sanftere und friedlichere Stimmung – es wird viel weniger gestritten.

Das, was Sie wirklich anmacht

Metall-Typen lieben's klar und gut geplant

Ihr Schlafzimmer sollte Ihren Vorlieben nach Funktionalität und Ihrer Liebe für *High Tech* entsprechen. Wie bei keinem anderen, wird der ultramoderne Fernseher mit ausgeklügelter Videotechnik für die von langer Hand vorbereiteten erotischen Abenteuer eine sehr bedeutende Rolle spielen.
Als selbstverständlich darf die geschickt plazierte Stereoanlage gelten, die selbsttätig stundenlang ausgewählte Stücke spielen kann. Damit alles reibungsfrei abläuft, liegen die richtigen CDs mit Stimmungsmusik schon fein säuberlich parat.
Alle Schalter und Fernbedienungsgeräte befinden sich in Ihrer Nähe – schließlich soll alles schnell und gut kontrolliert funktionieren.

Am wohlsten fühlen Sie sich in einem Raum, der Sie durch geradlinige Einrichtung mit ausreichend Klarheit und Struktur versorgt. Kuschelige Liebesecken mit weichen Satinkissen sind nicht so ganz Ihr Fall, genausowenig wie sinnliche Düfte oder über das Bett verstreute Rosenblätter.

Tips für Metall: Da Sie Kälte schlecht vertragen, sollte Ihr Liebesraum stets gut temperiert sein. Gönnen auch Sie sich einen Hauch von Romantik, am besten durch eine indirekte, individuell schaltbare Raumbeleuchtung. Dekorieren Sie Ihr Schlafzimmer mit Gegenständen aus Stein oder Terrakotta, grundsätzlich mit klaren, nichtverspielten Elementen. Wagen Sie sich an extravagante Einrichtungsgegenstände, auch mit ausgefallenen Details. Bewegte Objekte und Materialien mit glänzender Oberfläche animieren Sie besonders.

Wasser-Typen brauchen Sanftes

Ihr Liebesraum wirkt wie eine kuschelige Höhle. Es dominieren gedämpfte und dunklere Farben. Ihr Schlafraum soll Ihrem Bedürfnis nach Verinnerlichung entgegenkommen – dementsprechend intim ist die Beleuchtung. Alles in allem schwebt über dem Raum ein Hauch von Melancholie; dynamisch wirkende Objekte kommen kaum vor. Sie gestalten Ihr Umfeld sehr Yin-betont (Seite 8), das Schlafzimmer wird zum Prototyp des Ruhe- und Regenerationsraums.

Schrille Einrichtungsgegenstände, gleißendes Licht und futuristische Klänge bleiben ausgesperrt, Sanftheit und Einkehr empfangen den Gast in diesem Reich.

Tips für Wasser: Da Sie den Fernseher meist allzu wichtig nehmen, sollte er nicht gerade im Schlafzimmer stehen. Accessoires, die eine sanfte Heiterkeit in die Räume zaubern, sind für Sie perfekt. Verspielte Lämpchen, Bilder mit sanft fließenden Motiven, Textilien zum Kuscheln sowie dezente Hintergrundmusik wecken Ihre Liebeslust. Schöner Schmuck und reichlich

Flüssiges – als aphrodisierendes Getränk oder als sanft plätschernder Zimmerbrunnen – bringen Sie endgültig zum Schwingen.

Inspiration für verspielte Holz-Typen

Ihr Schlafzimmer wirkt in jedem Fall originell – mit dem Styling aus dem Möbelkatalog hat es wenig zu tun. Sie erfreuen sich an allen Dingen, mit denen kreative Spiele improvisiert werden, denn Sie vereinen Verführkünste und Spieltrieb auf unnachahmliche Weise. Der sanften Schmusenatur entsprechend sollte Ihr Schlafzimmer helle, warme Kuschelmöglichkeiten bieten. Das Bett muß großzügig bemessen sein, bereit für die wilderen Holz-Phasen. Der ideale Raum ist hell, weit und offen, duftig, pfiffig und locker eingerichtet. Einbauschränke sind Ihnen ein Greuel – wie alles Biedere. Liebevolle Details und originelle Ideen zeigen sich in Ihrem Umfeld wohl überall. Sie mögen Pflanzen.

Tips für Holz: Schaffen Sie Offenheit. Bewegliche Objekte wie duftige Tücher und auch Mobiles inspirieren Sie. Plündern Sie Ihre Spielzeugtruhe, und verführen Sie mit den vielfältigsten Requisiten zum ausgelassenen Rollenspiel. Spritzige Getränke wie leichter Prosecco sind Ihrem Holz-Naturell förderlich. Blumen dürfen nie fehlen, verspielte Delphine gelten als Ihr Symbol für Freude und Gemeinsamkeit. Objekte mit bewegtem Wasser wirken stimulierend. Sie lieben ausgelassene und rhythmische Musik. Ihrem Kuschelbedürfnis kommt auch Kerzenlicht sehr entgegen.

Funkelnde Exotik für Feuer-Typen

In Ihrem Schlafraum wirkt alles irgendwie öffnend und inspirierend. Er strahlt vielleicht sogar exotisches Flair aus, und es gibt außerge-

wöhnliche Gegenstände – nicht immer für die neugierigen Blicke der Gäste gedacht, aber perfekt in Szene gesetzt. Ausgefallene Kunst entspricht Ihrem Naturell ebenso wie hitzige Rottöne. Klar, daß warm funkelndes Licht vorherrscht, Kerzenschein und offenes Feuer sind Lebens- und Liebeselixier für Sie. Sollten Sie eine poetische Ader haben, so starten Sie doch das Schäferstündchen mit stimmungsvollen Texten. Zählen Sie allerdings zu den allzu ruhelosen Zeitgenossen, sollten Sie Kopf und Geist beim lauschigen Zusammensein lieber entspannen.

Tips für Feuer: Als Feuer-Typ benötigen Sie ausreichend Raum, der nicht überladen sein darf. Liebesanreger sind Musikstücke mit südländischer Feurigkeit oder einem klaren Beat, intensiv gewürzte Speisen, Licht- und Spiegelarrangements und alles, was auf ungewöhnliche Art Lust macht. Konische Lampenschirme, dreieckige Kunstwerke, schlanke Skulpturen oder rote Orientteppiche, auch rote Rosen, Lilien oder exotische Blumen regen Ihr Feuer an.

Erd-Typen genießen mit allen Sinnen

Ihnen wurde das Genußbedürfnis in die Wiege gelegt: Schlemmen wie ein Gourmet und sich so richtig verwöhnen lassen, das kommt Ihnen gerade recht. Bauen Sie Ihr Liebesnest dementsprechend, und schließen Sie alles aus, was Sie an Streß und den grauen Alltag erinnert. Sie lieben es bequem, mit dicken Daunenkissen und beständigen Materialien. Ihr guter Blick für Proportionen und Ihr Hang zu Beständigkeit werden dem Raum einen klassisch-wertvollen Touch geben. Eine Eigenschaft, die sich auch im Liebesspiel widerspiegelt. Öffnen Sie sich bewußt für zärtlich verspieltes Liebesgeflüster, und seien Sie bereit auch für kreative Abwechslungen. Sollten Sie gerne singen, dann nutzen Sie dieses Talent – Ihr Partner wird entzückt sein.

Tips für Erde: Der Charme des Traditionellen gibt Ihnen Kraft, Stabilität ist das Zauberwort in Ihrer Einrichtung. Allzu filigrane und verspielte Accessoires sollten Sie daher meiden, stattdessen Wertvolles und Gediegenes wählen. Rot, Gelb- und Brauntöne sind günstig für Sie, eine Umgebung mit warmer Ausstrahlung. Ausgesuchte Steine sowie Gegenstände aus Keramik, Porzellan oder Terracotta tun Ihnen gut. Feuriges wie Kerzen oder Räucherwerk wird Ihre Liebesabenteuer zusätzlich stimulieren.

Das Bagua
Spiegel Ihres Lebens

Unsere Ahnen waren schon sehr aufgeweckt: Sie entdeckten vor Jahrtausenden, daß die materielle Welt immer auch Abbild der dort lebenden Menschen ist. In allem, womit wir uns umgeben, spiegelt sich – teils bewußt, großenteils unbewußt – unser Wesen und unser momentaner Zustand.
Wem es gelingt, die symbolische Sprache dieser äußeren Welt richtig zu deuten, wird viel über das eigene Wesen und das der anderen erkennen. Ein sehr gutes Werkzeug dafür ist das Bagua.

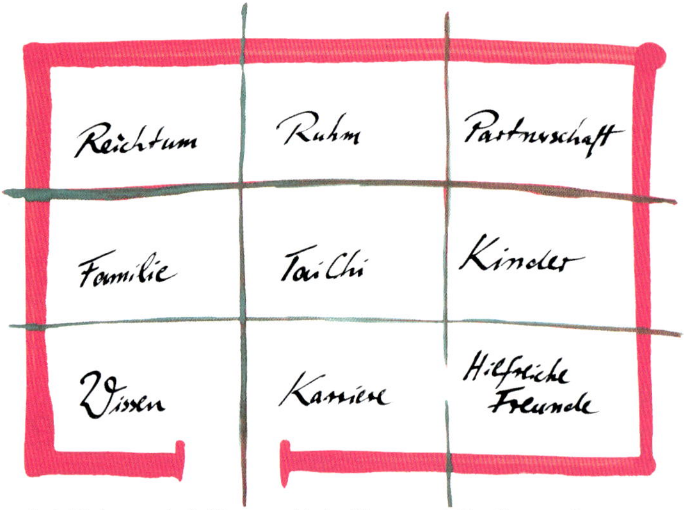

Jede Wohnung, jede Etage und jedes Zimmer wird in die neun Bagua-Zonen eingeteilt. Diese repräsentieren die wichtigen Lebensthemen.

Neun Zonen – neun Lebensthemen

Jede materielle Struktur, also auch Ihre Wohnung oder ein einzelner Raum, birgt unsichtbare Energien. Diese stehen auf subtile Art mit den Menschen in Beziehung. Das Bagua ist eine Art Röntgenbild Ihrer Wohnung: Es weist neun Bereiche aus, welche die wichtigen Lebensthemen symbolisieren. Das Schema entstammt der uralten Weisheit chinesischer Philosophie. Ein Bagua existiert sowohl für die Gesamtwohnung (am wichtigsten) wie auch für jeden einzelnen Raum (um so wichtiger, je mehr Stunden Sie in diesem Raum verbringen, daher im Schlafzimmer besonders bedeutsam).

So legen Sie das Bagua an

Nehmen Sie den Wohnungsplan, und zeichnen Sie das Bagua-Raster auf. Ganz einfach bei einem rechteckigen Grundriß (ansonsten siehe Seite 21): Dritteln Sie ihn in Breite und Länge, und schon haben Sie die neun gleich großen Zonen. Die Grundlinie »Wissen – Karriere – Freunde« liegt immer am Eingang. Hat ein Haus oder ein Raum mehrere Türen, nehmen Sie die wichtigste.

Wenn's nicht ganz regelmäßig zugeht

Das Bagua läßt sich auf jeden Grundriß anwenden: Ob quadratisch, extrem lang gestreckt oder sehr »zerklüftet«, der bewohnte Bereich (Garagen zählen nicht mit) wird als Rechteck betrachtet und in 9 Felder eingeteilt.

- Kleine Vorbauten, wie ein Erker, liegen außerhalb des Bagua; sie gelten als »hilfreiche Erweiterung« und stärken die angrenzende Zone.
- Sind Vorbauten mindestens halb so lang oder breit wie die restliche Grundrißlänge oder -breite, muß der Grundriß über den »Fehlbereich« hinaus zum Rechteck vervollständigt werden.

Fehlbereich in der Partnerecke.

Was Sie tun können, wenn deshalb Bagua-Zonen ganz oder teilweise fehlen, finden Sie auf der nächsten Seite.

Die Sprache der Wohnung

Jedes Ungleichgewicht zeigt sich in der freien Natur durch Einseitigkeiten, etwa durch vermehrtes Auftreten eines bestimmten »Unkrauts«. Innerhalb der eigenen vier Wände spiegeln sich die Lebensthemen und Probleme in der Gestaltung der jeweiligen Bagua-Zonen. Ordnung, Styling, Möbel und Bilder geben Auskunft darüber, wie Sie Ihr Leben einrichten und wo Sie bis jetzt Chancen ungenutzt lassen.

Das sollte Ihnen zu denken geben

- Fehlbereich durch unregelmäßigen Grundriß
- Überladener Wohnungsteil mit zu vielen Möbeln und Gegenständen
- Unordnung, schlechte Beleuchtung, kaputte oder nichtfunktionierende Gegenstände, Schmutz
- Gegenstände mit belastender Symbolik
- Störende Gegenstände oder solche, die dort nichts zu suchen haben
- Bauschäden, Sprünge in den Wänden, Wasserflecken, Schimmelflecken
- Zone leer oder unbenutzt

Werden Sie aktiv!

Das Bagua soll Ihnen helfen, mehr aus Ihrem Leben und Ihren Talenten zu machen. Ganz gleich, wo Sie Mängel oder einen Fehlbereich feststellen: Vieles läßt sich leicht ausgleichen (Seite 22).
Und bedenken Sie immer, daß Ihre Umgebung ein persönlicher Spiegel für Sie ist: Sollten Sie also in Ihrer Partnerecke ein heilloses Durcheinander entdecken, so geht es nicht nur darum, hier für Klarheit und Ordnung zu sorgen. Darüberhinaus sollten Sie auch versuchen, Ihre *innere* Unordnung in den Griff zu bekommen.

Der Bagua-Check

Wo fehlt's?

Das Bagua kann sichtbar machen, wie Sie mit bestimmten Lebensthemen umgehen. Checken Sie deshalb jeden Abschnitt Ihrer Wohnung:

- Zu wieviel Prozent ist die jeweilige Zone vorhanden (alles vorhanden: 100 %, totaler Fehlbereich: 0 %), und wie sehr wird der Abschnitt von Ihnen aktiv bewohnt (Stauraum 0 %)?
- Notieren Sie auch jedes auffallende oder ungünstige Element (Unordnung, schlecht beleuchtet, noch nicht eingerichtet, nicht geputzt, ...) Schnell können Sie nun erkennen, welche Bagua-Zonen mehr Zuwendung vertragen könnten.

Tip: Sollten Sie sich bei der Anwendung des Wohnungsbagua unsicher sein (etwa bei einem schwierigen Grundriß), analysieren Sie ersatzweise zwei oder drei wichtige Einzelräume, in jedem Fall das Wohn- und das Schlafzimmer.

Fehlbereich ausgleichen

- Erweitern Sie die Wand, hinter der die Fehlzone liegt, optisch durch ein Bild mit weiter Landschaft oder einen Spiegel. Ist dort ein Fenster, hängen Sie einen Regenbogenkristall auf.
- Liegt der Fehlbereich im Garten oder Hausflur, aktivieren Sie ihn durch einen Sitzplatz, mit Pflanzen, Licht oder Bildern.
- Stärken Sie ersatzweise die entsprechende Raumzone eines vielgenutzten Zimmers.

Bagua-Zone	Das symbolisiert sie	Ideale Atmosphäre – stärkende Maßnahmen
Karriere	Lebensweg, Beruf, der innere Ruf, Verliebtheit, Romantik	Offen, hell, weit – Wasserschale, Wasserbild, Aquarium, Spiegel
Wissen	Kenntnis und Erkenntnis, Intuition, Wissen über wahre Persönlichkeit, Lernbereitschaft, Kommunikation	Ruhig – Bild mit Bergmotiv oder Winterlandschaft, leere bauchige Behälter, Schachteln, Schränke, Kristalle, helles Licht
Familie	Eltern, Vorfahren, Vorgesetzte, Affären, Körperlichkeit	Frei, unbelastet – Unerledigtes entfernen; Familienfotos, Frühlingsmotive, Pflanzen, Wasser
Reichtum	Innerer und äußerer Reichtum, Selbstwert, Lebensfreude, Loslassen	Offen, Fülle ausstrahlend – Pflanzen, Aquarium, Zimmerbrunnen, Wasserfallbild, leere Schale
Ruhm	Ansehen, Ausstrahlung, Image, Selbstbewußtsein, Freiheit	Hell, strahlend, inspirierende Objekte – schöne Kunst, glanzvolle Gegenstände, rote Farbe
Partnerschaft	private und berufliche Beziehungen	Einladend, hell – Partnersymbole (Seite 23)
Kinder	Kinder, Kreativität, Inspiration, Erotik, Sinnlichkeit, Leidenschaft	Inspirierend, freudvoll – Klangspiel, farbenfrohe Blumen, funkelnde phantasieanregende Dinge
Hilfreiche Freunde	Unterstützung, Freundschaft, Geben und Empfangen, Gleichwertigkeit	Stabil – Mineralien, Halbedelsteine, Bleikristall-Gegenstände, Klangspiel
Tai Chi (Zentrum)	In der Mitte sein, Ausgewogenheit, innere Kraft, Gesundheit	Hell, frei – DNS-Spirale (Foto Seite 4), Regenbogenkristall, stehende Bergkristallspitze

Power für die Partnerecke

Aus psychologischer Sicht spiegelt die Partnerecke auch Ihre unbewußten Lebenserfahrungen und Ihre Erwartungen und Ängste in Bezug auf Partnerschaft.
Daher sollten Sie nun gezielt die Partnerschaftszonen in allen wichtigen Räumen unter die Lupe nehmen.
Ist die jeweilige Ecke gut beleuchtet oder sieht es um Ihre Beziehung eher »finster« aus? Findet sich dort die Schmutzwäsche (Aha!), hängen dort Bilder der Familie (»keine Beziehung ohne meine Eltern»), vegetiert ein vereinsamter Wellensittich seit Jahren in seinem Käfig dahin (»unbewußt möchte ich mich lieber wegsperren und allein bleiben»), oder findet sich dort, wie mir kürzlich eine Seminarbesucherin beichtete, die immer auffallend aggressive Partner um sich hatte, ein riesiges Bild zweier sich bekämpfender Kriegsschiffe?

Haben Sie überhaupt Platz für einen Partner?

Es wird Sie wohl kaum überraschen, daß Menschen mit vollgeräumten Partnerschaftsecken meist nur sehr flüchtige Beziehungen erleben. Sie signalisieren äußerst erfolgreich – sich selbst und ihrer Umwelt –, daß gar kein freier Platz an ihrer Seite ist, jeder Freiraum bereits aufgefüllt. Vor allem das Unterbewußtsein nimmt solche Signale ernst: Wer mehrmals täglich ein bestimmtes Bild zu Gesicht bekommt, dessen Inneres wird sich im Laufe der Zeit danach richten.
Diese Menschen sollten daher Platz für Neues schaffen und sich auf den Neuen/die Neue freuen.

So beflügeln Sie Ihre Liebesenergien

Je energiereicher und animierender Sie Ihre Partnerschaftsecke gestalten, um so erfolgversprechender. Jeder Gegenstand, der in Ihnen die Gefühle Freude, Sinnlichkeit, Vertrauen oder Gemeinsamkeit auslöst, gilt als willkommene Bereicherung für die Baguazone der Partnerschaft.
Wichtig: In *Ihre* Partnerzone sollten bevorzugt Ihre persönlichen Kraftsymbole plaziert werden. Ergänzende »Universalaktivierer«: Rosen, Herzen, gemeinsame Fotos mit Ihrem Partner, paarweise Bildmotive, Partnerdelphine, Kerzenleuchter, stimmungsvolles Licht, verführerisch erotische Dinge oder feine Düfte.

Frisches Chi für's Liebesleben

Das »Innere Feng Shui« für Singles & Paare

Glauben Sie wirklich, daß eine gute Partnerschaft reine Glückssache ist? Und schon gar eine langfristig harmonische Beziehung? So romantisch und leidenschaftlich eine Liebe am Anfang sein mag – die Methoden des »Inneren Feng Shui« helfen, ein offenes und liebevolles Miteinander zu finden und über lange Zeit zu erhalten.

Für Singles vorab: Magische Anziehungskraft …

Sie leben schon eine Weile als Single und haben das Alleinsein satt? Ihre früheren Lover haben sich bei genauerem Hinsehen als ziemliche Nieten herausgestellt? Und irgendwie scheinen Sie immer wieder die falschen Typen anzuziehen?
Vielleicht wissen Sie es ja im Grunde: Die jeweilige Partnerwahl hängt unmittelbar von dem Bild ab, das Sie sich im Laufe der Zeit über Beziehungen zusammengebastelt haben. Es ist in Ihrem Unterbewußtsein gespeichert und bei Bedarf verläßlich zur Stelle – schwupp … sind Sie schon wieder in den Armen des/der Falschen. (Was natürlich in Wirklichkeit nicht stimmt, denn derjenige hat lediglich auf die von Ihnen ausgesandten Signale reagiert und somit sehr wohl etwas mit Ihnen zu tun).

Four Steps to Heaven

Wenn es Ihnen also reicht, dann sollten Sie sich vor der nächsten Pirsch über ein paar Fragen klar werden.

Sind Sie überhaupt bereit für eine tiefe Beziehung?

Die Standardausrede für Alleinstehende oder Singles mit häufig wechselnden Partnern ist meist die, daß halt noch nicht der »Richtige« dabei war. Doch meist ist das ein Zeichen für fehlende innere Partnerbereitschaft. Sie glauben das nicht? Dann machen Sie doch die Probe aufs Exempel: Sollte meine These stimmen, müßte sich die mangelnde Beziehungsbereitschaft auch irgendwo in Ihrer Umwelt widerspiegeln. Wetten, daß Sie in Ihrer Partnerecke (Seite 20) eindeutige Signale fürs Alleinsein-Wollen gesetzt haben (natürlich völlig unabsichtlich, ich weiß schon). Weitere Beispiele? Sie fahren einen schicken Sportwagen, doch der Beifahrer(= Partner)sitz ist mit Zeitschriften und Kleinkram belegt? Oder noch aussagekräftiger: Immer wieder klemmt das Schloß der Beifahrertür, und sie läßt sich nur unter Schwierigkeiten öffnen? In Ihrem Wohnzimmer stehen zwar ganz nette Sitzmöbel herum, leider aber ausschließlich Einzelstühle und nirgends ein einladendes Zweiersofa? Ihr Kleiderschrank platzt ohnehin schon aus allen Nähten, wo sollte da

tip:

CARPE DIEM!

Fatal wäre es, sich total auf die Partnersuche zu fixieren. Das macht nur verkrampft. Viel effektiver: Nutzen Sie jede freie Minute dazu, sich selbst zu entwickeln. Tun Sie Dinge, die Ihnen Spaß machen, und experimentieren Sie mit Neuem. Je mehr Sie Ihrem Gefühl, Ihren Bedürfnissen folgen, um so »runder« werden Sie innerlich. Das Zuckerl: Entsprechend reifer wird auch der Partner sein, der in Ihr Leben tritt!

Vom Traumpartner nur zu träumen, bringt nicht viel – Sie können einiges dafür tun, daß er wirklich in Ihr Leben tritt.

noch Raum für die Sachen eines anderen sein? Voll wie Ihr Bücherregal ist wohl auch Ihr Leben mit eigenen Vorlieben und Hobbies … Wenn Sie das jetzt albern finden:
1.) Niemand will, daß Ihr Neuer mit in Ihr 30-qm-Appartement zieht. Es geht um die Symbolik der Dinge (Seite 20).
2.) Wie geht's Ihnen mit der Vorstellung, auszumisten oder ein Sofa anzuschaffen – gibt's innere Widerstände? …

● **Step 1:** Raum schaffen = bereit werden für das Neue.

Wie stellen Sie sich Ihre neue Partnerschaft vor?

Sie wissen wahrscheinlich aus leidvoller Erfahrung ziemlich genau, was Sie in Ihrer nächsten Partnerschaft *nicht* wieder erleben möchten. Das Fatale daran: Solange Sie Ihr Denken nicht auf positive Ziele umstellen, werden Sie immer wieder Ähnliches selbst mitverursachen. Denn Gedanken sind sehr stark wirksame unsichtbare Energien, die immer das unterstützen, worauf Sie Ihre Aufmerksamkeit lenken. Also:

● **Step 2:** Weg vom Problemdenken und hin zu positiven Gedanken, in denen Sie Ihre Wünsche visualisieren.

Seien Sie authentisch

Werden Sie sich klar darüber, wer Sie sind und was Ihre wahren Bedürfnisse, Ihre Schwächen und Stärken sind. Und hören Sie auf, sich und der Welt etwas vorzumachen. Aus der Sicht des Feng Shui bedeutet eine wesensfremde Verhaltensweise, daß Sie sich meilenweit entfernen von Ihrer eigenen Lebensmelodie – von Ihrem eigenen Chi. Nur wenn Sie sich selbst leben, werden Sie Ihre Kraft entdecken. Und nur dann sind Sie bereit und fähig zu einer erfüllten, energiereichen Partnerschaft. Sagen Sie Ja, wenn Sie Ja meinen, und Nein, wenn Sie Nein meinen.

● **Step 3:** Vertrauen Sie Ihrer inneren Stimme.

Signale setzen

Entfernen Sie gezielt alle hemmenden Elemente aus den Partnerschaftsbereichen, und aktivieren Sie sie mit fröhlichen Motiven und Gegenständen. Pflegen Sie eine Partnerzone besonders – genauso, wie Sie sich um einen Partner kümmern würden. Frische Blumen sind günstig, da sie regelmäßige Aufmerksamkeit benötigen und das Blühen Ihrer Beziehung symbolisieren.
Ein großes Sofa, eine reparierte Autotür oder ein entrümpelter Kleiderschrank wären gute Signale der »Anziehung«.
Und entfernen Sie Liebestöter wie Bügelwäsche oder Buchhaltungsordner aus dem Schlafzimmer. Gestalten Sie es nach Ihren intimsten Wünschen, und genießen Sie schon jetzt die Vorfreude auf kommende Wonnen.

● **Step 4:** Auch der Plüschteddy sollte nun endlich das Partnerbett räumen.

Nach dem siebten Himmel: Partner werden

In jeder Partnerschaft gibt es Phasen, in denen es nicht so toll läuft. Werfen Sie nicht die Flinte ins Korn, sondern versuchen Sie, Ihrem Partner einen Schritt entgegenzugehen. Auch wenn's noch so schwer fällt, eine solche Krise stellt sich im Nachhinein oft als sehr wertvoll heraus.

Sprachlos?

Die schwierigste Herausforderung für jede Beziehung: Vertrauensvoll und offen über Sorgen und Nöte zu sprechen. Oder fällt es Ihnen etwa leicht, dem anderen Ihre Wünsche oder gar Kritik und Verhaltensvorschläge zu präsentieren? Ausreden gibt es genug, um das anstehende Gespräch hinauszuschieben oder zu vermeiden.
Unterschwellige Ängste stekken dahinter, auch die Angst, zu unseren Schwächen zu stehen. Durch die Feng-Shui-Brille betrachtet, sabotieren wir damit den freien Energiefluß in unserem Leben. Die Konsequenz: Energiestau, der sich in Form von Unzufriedenheit, verdrängten Aggressionen, Ersatzhandlungen (wie Frustkäufe, Süßigkeiten essen) oder gar in Krankheiten ausdrückt.

tip:

YIN UND YANG IM BETT

Schlafen Sie lieber links oder rechts vom Partner? Angeblich wirkt sich die Schlafseite energetisch aus: Der rechte Teil des Bettes (aus der Sicht der Schlafenden) gilt als die Yang-Seite (Seite 8). Wer über längere Zeit rechts liegt, wird demnach recht bald »die Hosen anhaben« in der Beziehung. Na, wie sieht's bei Ihnen aus? Probieren Sie doch mal aus, was passiert, wenn Sie für eine Weile die Seiten wechseln.

Krach gehört dazu – wichtig nur: im Fluß (im Gespräch) bleiben!

Probleme ansprechen

Erinnern Sie sich an die Kindheitsangst vor dem großen, finsteren Wald? Wenn Sie dann endlich durchmarschiert waren, merkten Sie, daß alles halb so schlimm war. Ähnlich verhält es sich auch mit der Angst, Probleme anzusprechen.
Die meisten Themen müssen früher oder später doch gelöst werden – wozu also warten und die Zeit des Grolls, der Eifersucht, der Unsicherheit oder des Grübelns unnötig verlängern? Viele Mißstimmigkeiten können gleich besprochen werden.

Zuhören!

Und wenn der andere den Mut aufbringt, Ihnen zu erzählen, was ihm am Herzen liegt, dann gibt's nur eines:
1. Zuhören und Mund halten! Lassen Sie ihn sein Anliegen zu Ende schildern.
2. Wenn Sie dann antworten, bitte unter keinen Umständen in die Verteidigung oder gar zum Gegenangriff übergehen. Bemühen Sie sich vielmehr um eine ruhige, neutrale Darstellung aus Ihrer Sicht. Und machen Sie deutlich, wie sehr Sie die Botschaft zu schätzen wissen – selbst wenn sie noch so schmerzhaft ist.

Streiten will geübt sein

Um auch Krisenzeiten einigermaßen zu überstehen, benötigen Sie eine eingespielte Gesprächskultur.
1. Erfinden Sie Spielregeln, die nicht nur beiden Partnern eine gleichberechtigte Chance eröffnen, sondern gleichzeitig auch verhindern, daß die Emotionen allzu hoch steigen. Entscheidend: Es kann keinen Gewinner geben, denn sobald einer verliert, verliert die Beziehung.
2. Vielleicht stellen Sie einen Wecker: Sobald das Gespräch in die heiße Phase eintritt, zum Beispiel alle fünf Minuten, mahnt er zu einer einminütigen Auszeit. In dieser Zeit darf niemand ein Wort sagen; das gibt Pause zum Durchatmen, Beruhigen und verhilft zu mehr Klarheit.
3. Am besten, Sie üben bereits bei der nächsten kleinen Gelegenheit und machen sich durch dieses Trockentraining fit für stürmischere Zeiten.

Warum ärgern Sie sich eigentlich?

Ein alter chinesischer Spruch erklärt sehr gut die Feng-Shui-Philosphie, mit Energie sinnvoll zu haushalten:
»Werde nie zornig, sonst könntest du an einem einzigen Tag das Holz verbrennen,

Test!

Woran hakt's in Ihrer Beziehung?

Die Phase der rosa Wölkchen ist endgültig vorbei, und Sie sind recht unsanft auf dem Boden der Realität gelandet? Nach dem Prinzip »Alles fließt« ist immer alles in Veränderung begriffen – auch Ihre Liebe braucht daher neue Impulse. Die folgenden Fragen sollen Sie wach machen für die häufigsten Hemmnisse auf dem Weg zu einer erfolgreichen Partnerschaft und erfüllten sexuellen Beziehung. Orten Sie Ihre Schwachstellen, und werden Sie (rechtzeitig!) aktiv.

Alltag

- Ihr Beziehungsalltag ist zur grauen Routine verkümmert?
- Wenn Sie von der Arbeit nach Hause kommen, möchten Sie einfach nur Ihre Ruhe haben?
- Irgendwie fühlen Sie sich von Tag zu Tag unkreativer?
- Ihr Partner kümmert sich schon längst nicht mehr um Haushalt und Familie?
- Über Geld zu sprechen, ist sinnlos, denn es artet meist in fürchterlichen Streß aus?

Sie benötigen Abwechslung und das gemeinsame Gespräch. Reden Sie ehrlich miteinander, und verteilen Sie die Verantwortlichkeiten neu. Suchen Sie Möglichkeiten für kreativen Ausgleich. Tips auf Seite 27, 31 und 37.

Gemeinsamkeit

- Gemeinsame Freizeitaktivitäten gibt's so gut wie nie?
- Ihr Partner (oder etwa Sie selbst?) sind mit dem Fernseher, dem Computer oder der Arbeit »verheiratet«?
- Jeder Partner geht eigene Wege, tägliche gemeinsame Fixpunkte sind nicht vorgesehen?
- Selbst Ihr Urlaub artet meist in Streß aus?

Sorgen Sie für frischen Wind in Ihrer (Frei-)Zeitplanung. Tips auf Seite 42 bis 45.

Kinder

- Seit Sie Kinder haben, geht's in Ihrer Beziehung bergab?
- Ihr Partner überläßt Ihnen nahezu die gesamte Verantwortung der Kindererziehung?
- Da Ihre Kinder im gemeinsamen Ehebett schlafen, ist ein intimes Beisammensein mit Ihrem Partner fast unmöglich?
- Überall im Haus liegt das Spielzeug der Kinder herum, sogar im Schlafzimmer?

Achtung, Ihre Beziehung braucht jetzt mehr Zuwendung als in der Zeit vor den Kindern. Ideen finden Sie auf den Seiten 34/35.

Freunde und Verwandte

- An Sonn- und Feiertagen sind Sie fast immer mit Freunden oder Verwandten zusammen. Das wird Ihnen langsam zuviel?
- Die Meinung anderer ist Ihrem Partner wichtiger als Ihre persönlichen Empfindungen?
- Sie haben fast überhaupt keine Freunde mehr?

Sie sollten mehr auf Ihre eigenen Bedürfnisse achten, sonst gehen Sie in der Außenwelt unter oder verkümmern in der Isolation. Mehr dazu auf Seite 32/33.

Gespräche

- Probleme anzusprechen und sie konstruktiv zu klären, fällt Ihnen zunehmend schwerer?
- Ihr Partner versteht Sie ja doch nicht?
- Sich gegenseitig zuzuhören, ist fast unmöglich geworden?
- Ihr Partner spricht nicht über seine Gefühle?

Ohne ordentliche Gesprächsbasis keine funktionierende Beziehung. Tips dazu ab Seite 27.

Zweisamkeit

- Der Alltagsstreß nimmt Sie so gefangen, daß Ihnen allzuviel Nähe eher unangenehm wäre?
- Wohltuende Berührungen und Zärtlichkeit sind in Ihrer Beziehung eine Seltenheit geworden?
- Sie denken an Trennung?

Sie benötigen ein Sofortprogramm für mehr Nähe und Knistern in Ihrer Beziehung. Testen Sie Seite 36, 37 und 38.

Wohnung

- Sie empfinden die derzeitige Wohnsituation als unbefriedigend?
- Ihre Wohnung ist zu hellhörig und es mangelt an Intimität?
- Sie wünschen sich einige Quadratmeter Rückzugsraum für sich allein?

Worauf warten Sie? Es ist Ihr Leben, daher sollten Sie sich rechtzeitig nach Lösungen umsehen. Mehr auf Seite 34 (»Ihr Recht auf Privatsphäre«) – und außerdem: Buchtips Seite 46!

Sexualität

- Ihr sexuelles Interesse an Ihrem derzeitigen Partner hat nachgelassen?
- Sind Sie Ihrem Partner böse, oder sind Sie mit Ihrer Partnerschaft unzufrieden?
- Fällt es Ihnen schwer oder ist es Ihnen unmöglich, mit Ihrem Partner über Sex zu sprechen?

Sehen Sie's mal so: Erfüllte Sexualität wirkt als Jungbrunnen und verbessert die Gesundheit. Und diese Chance wollen Sie sich entgehen lassen? Mehr ab Seite 39.

Eigene Interessen

- Sie entdecken neue Interessensgebiete, doch Ihr Partner versucht, Ihnen diese mit allen Mitteln auszureden?
- Ihr Partner nimmt auf Sie nie Rücksicht?
- Sie trauen sich nicht, Zeit oder Geld für Ihre eigenen Interessen aufzubringen?

Wer sonst, als Sie selbst, kann wissen, was Ihnen guttut? Lernen Sie, zu Ihren Bedürfnissen zu stehen, und verändern Sie Ihre Welt! Weiter auf Seite 32/33.

das du in vielen sauren Wochen gesammelt hast.«
Im Zorn vergeuden wir unnötig sehr viel Energie und können eine Beziehung schwer belasten. Ärger beeinflußt das freie Verhalten und die Gefühle dem Partner gegenüber. Und dabei entscheiden Sie selbst, ob Sie sich ärgern oder nicht. Sie können sich denken, Ihr Partner sei so übel gelaunt, weil er Sie nicht mehr mag – oder daß er heute einfach einen schlechten Tag im Job hatte.

Übung: Frust abbauen

1. Jeder schreibt allein für sich zehn Sätze, alle beginnend mit »Ich bin dir böse, weil ...«, und fügt hier jeweils einen Grund an.
2. Danach setzen Sie sich einander gegenüber, atmen tief durch und schließen die Augen. Abwechselnd lesen Sie nun jeweils einen Satz: »Rolf, ich bin dir böse, weil du dauernd die Schmutzwäsche herumliegen läßt.« – »Nicole, ich bin sauer, wenn

du dich über meine Freunde abfällig äußerst.« – »Rolf, ich bin dir böse, weil …«
Hören Sie einfach nur zu, ohne sich zu verteidigen.

3. Tauschen Sie anschließend die Zettel aus, und versuchen Sie für sich herauszufinden, welche Befürchtungen hinter den Aussagen des anderen stehen. »Nicole, ich bin sauer, wenn du dich über meine Freunde abfällig äußerst«, könnte bedeuten, »ich habe das Gefühl, daß dir auch an mir nichts liegt.« Bei »Rolf, ich bin dir böse, weil du immer die Schmutzwäsche herumliegen läßt« könnte mitschwingen, »ich finde, daß du auf meine Gefühle keine Rücksicht nimmst.«

4. Setzen Sie sich dann wieder zusammen, und tauschen Sie sich aus. Hören Sie einander offen zu, ohne gleich mit Erklärungen oder Ausreden zu reagieren.

Das Ziel sollte sein, sich danach besser zu verstehen und die sensiblen Punkte im eigenen Verhalten erkennen und ändern zu können, die das Zusammensein nur unnötig erschweren.

5. Selbst wenn Ihnen nicht danach zumute ist: Bedanken Sie sich beim anderen für das Vertrauen und die Offenheit, zum Beispiel mit einer Umarmung oder einem positiven Feedback.

Partnerübung: »Ich mach meines, du machst deines«

Kennen Sie das: Ein Partner fühlt sich für Heim und Familie zuständig, der andere verdient das Geld und kümmert sich um das Auto? Vorsicht Beziehungsfalle! Meist werden die Verantwortungsbereiche viel zu unbewußt verteilt – es ergibt sich halt irgendwie und dann bleibt's dabei. Ein ungefähr gleichwertiger Zeit- und Energieeinsatz auf beiden Seiten würde hingegen ein viel besseres Gefühl erzeugen und ein energetisches

tip:

LIEBEVOLLE WORTE

Eine nette Überraschung für Ihren Schatz: Sie schreiben einige aufbauende, erfreuliche Worte auf kleine Kärtchen oder Zettelchen und verstecken sie. Der andere freut sich ganz sicher an den überraschend gefundenen lieben Worte wie: »Ich mag deine Ideen. Danke für den wunderschönen Abend. Es ist schön, mit Dir zusammenzusein. Ich liebe Dich.« Schreiben Sie Ihrer/m Liebsten, was Sie besonders an ihr/ihm schätzen; verschenken Sie ein inspirierendes Zitat; geben Sie ein paar aufmunternde Worte mit auf den Weg zur Arbeit; oder sagen Sie, wie gut er/sie Ihnen gefällt. Gerade in schwierigen Zeiten vergessen wir nämlich allzu leicht die schönen Seiten des Lebens.

Ungleichgewicht zwischen den Partnern verhindern.

1. Schreiben Sie jede zu vergebende Tätigkeit mit dem geschätzten Zeitbedarf auf ein eigenes Kärtchen.

2. Wenn Sie nun die Kärtchen für beide gut sichtbar ausbreiten, sollte es Ihnen leicht fallen, die einzelnen Aufgaben zu besprechen und danach die Verantwortlichkeiten fair zu verteilen.

3. Wiederholen Sie die Übung regelmäßig.

So werden Sie endlich Sie selbst!

Stimmt's? Am Anfang Ihrer Beziehung freuten Sie sich über jede Gemeinsamkeit mit Ihrem Partner – sozusagen als Geheimzeichen Ihres »Füreinanderbestimmtseins«. Sie glauben aber hoffentlich nicht, daß das ausreicht, um eine gute und harmonische Beziehung zu leben?!

Eigenes ist wichtig!

Fassen Sie sich ein Herz, und bringen Sie Ihre eigenen Interessen in die Partnerschaft ein. Sonst wird im Laufe der Zeit Ihr Partner den Ton angeben, und Sie werden zum braven (und frustrierten) Mitläufer. Fragen Sie sich daher von Anfang an, welche Vorlieben, Hobbies oder Kontakte Sie nun plötzlich nicht mehr pflegen. Ob Sie selbst sich zu sehr an Ihren Partner anpassen oder ob er vielleicht sogar aktiv Ihre Interessen boykottiert: Bleiben Sie unbedingt den wichtigsten Aspekten Ihrer Persönlichkeit treu! Dies schafft das notwendige Fundament für Vertrauen und Gleichgewicht in der Beziehung.

Total verliebt sein und am liebsten alles gemeinsam machen – eine schöne »Seifenblase« ...

»Wer sich nicht verändert, hat nicht gelebt«
(Chinesisches Sprichwort)

Je mehr Sie sich selbst ausdrücken und nach Ihren Bedürfnissen leben (das hat nichts mit Egoismus zu tun), desto stärker entwickelt sich Ihr persönliches Chi, und desto zufriedener sind Sie. Was kann sich Ihr Partner besseres wünschen, als eine ausgeglichene, starke Ergänzung an seiner Seite? Vielleicht animiert ihn Ihr leuchtendes Vorbild sogar, auch auf seine Bedürfnisse mehr zu hören und sich so wesensgerechter zu entwickeln.

Hilfreiche Freunde

Freunde sind ein wichtiger Ausgleich für eine Beziehung, denn sie helfen, auch andere Blickwinkel zu erkennen, oder sie sind einfach da,

wenn Sie sich mal aussprechen möchten. Gemeinsames Lachen und lustiger Zeitvertreib sollten dabei nicht zu kurz kommen.
Aber Achtung: Auch wenn sich über Ihren Partner neue gemeinsame Bekanntschaften ergeben, dürfen Sie Ihre alten, treuen Freunde nie ganz vernachlässigen.
Freundschaft will gepflegt werden wie eine zarte Pflanze: Je mehr Sie sich um sie kümmern (auch in guten Zeiten), umso eher wird sie umgekehrt auch immer für Sie da sein (das Feng-Shui-Gesetz von Geben und Empfangen). Diese Gewißheit kann Ihnen viel Vertrauen und Stabilität geben.

Nichts geht über das vertraute Gespräch unter Freundinnen – vernachlässigen Sie sie nicht!

Zuviel Zeit mit Freunden?

Wenn Sie Ihre Freizeit jedoch hauptsächlich mit Freunden oder Verwandten verbringen, sollten Sie besonders sensibel auf Ihre eigenen Bedürfnisse achten. Lassen Sie nicht zu, daß die Meinung der Freunde wichtiger wird als Ihre eigene. Und sorgen Sie für ein ausreichendes Maß an Privatsphäre, indem Sie sich beispielsweise nicht bei Ihnen zu Hause treffen. Dies läßt genügend Intimsphäre, um Ihr häusliches Energiegefüge stabil zu halten (denn alle Menschen lassen persönliche Energie in einem Raum, die nicht immer nur förderlich ist). Je öfter Sie Gäste empfangen, desto häufiger sollten Sie Ihre Räume energetisch reinigen (Seite 8).

tip:

Ihre Feng-Shui-Wunschliste

Am besten, Sie erstellen eine Feng-Shui-Wunschliste Ihrer persönlichen Träume und Bedürfnisse.

- Was haben Sie schon lange nicht mehr gemacht, was vermissen Sie so sehr, daß es Ihnen immer wieder schmerzlich in den Sinn kommt, was möchten Sie neu lernen, welche Menschen würden Sie gerne mal wieder treffen, wohin würden Sie gerne verreisen?
- Und was hindert Sie an der Verwirklichung Ihrer Träume? Doch nicht etwa die Angst vor dem Partner, den Eltern, der Familie oder den Nachbarn? Verträumen Sie nicht Ihr Leben – leben Sie Ihre Träume! Jeder vertane Tag bringt Sie nur weiter weg von Ihrem persönlichen Lebensweg.
- Unterstützen Sie Ihre Wunschliste, indem Sie die *Bagua-Zone Karriere* (Seite 20) beherzt entrümpeln und anschließend mit Freudvollem beleben. Sie werden Augen machen ...

Kinder, Kinder ... Grenzen Sie sich ab!

Nicht von ungefähr ist den Kindern eine eigene Bagua-Zone gewidmet – sie symbolisieren Frische, Lebendigkeit, das Neue, Kreativität, die schönen Dinge des Lebens. Aber setzen Sie sich nicht nur mit der Bagua-Zone, sondern auch mit den eigenen Kindern bewußt auseinander.

Kinder fordern heraus

Kinder sind unbestritten das schönste Geschenk Ihrer liebevollen Vereinigung. Sie verkörpern die Wesensanteile beider Elternteile. Und – ob Sie's nun gut finden oder nicht – sie halten Ihnen mit ihrem Verhalten einen knallharten Spiegel Ihrer persönlichen Stärken und Schwächen vor. Lassen Sie sich auf diese Erfahrung ein, und fragen Sie sich, was das Kind Ihnen wohl durch sein Verhalten mitteilen will. Sie profitieren dabei selbst am meisten auf Ihrem Weg der persönlichen Entwicklung.

Grenzen sind wichtig

Kinder spüren intuitiv, was Sache ist, und testen auch immer wieder aus, wie weit sie gehen können. Dies erfordert einen wachen elterlichen Geist, gepaart mit liebevollem Verständnis und Intuition. (Ich weiß, das ist leicht gesagt, denn auch Eltern sind schließlich mal schief gewickelt oder einfach müde.) Grenzen gesetzt zu bekommen, ist wichtig für das Kind, da es daran erkennt, was sinnvoll und was weniger toll ist. Der Haken daran: Es sollten realistische Regeln sein, die erkennbar auch für die Eltern selbst gelten. Willkür, die im nächsten Augenblick durch das Verhalten der Eltern ad absurdum geführt wird, verwirrt das Kind und treibt es in den Widerstand.

Kinder im Elternbett? Zum Spielen und Schmusen ja. Nachts aber geht's ab ins eigene Bett.

Kinder im Ehebett?

In den ersten Monaten ist es selbstverständlich, die Kleinen so nah wie möglich bei sich zu haben, also auch beim Schlafen. Das Gefühl der Nähe zum Kind ersetzt oft die Schmuse- und Kuschelbedürfnisse – in der Mann-Frau-Beziehung kommen diese dann meist zu kurz. Aus dem unbewußten Defizit heraus behalten viele Elternpaare die Kinder zu lange im eigenen Schlafzimmer. Und wenn dann, meist halbherzig, versucht wird, das Kind in ein anderes Zimmer umzulegen, endet das Abenteuer schnell mit Geschrei. Massive Partnerprobleme könnten hier ihren Ursprung nehmen.

Kid-freie Zone

Sie tun Ihren Kindern nichts Gutes, wenn Sie Ihnen so viel Zeit und Energie widmen, daß für Sie und Ihre Beziehung nichts mehr übrig bleibt. Gelingt es Ihnen aber, den Kindern eine liebevolle Beziehung vorzuleben, dann vertrauen auch sie darauf, daß sie selbst eine solche Beziehung haben werden.

- Sorgen Sie also für genügend Freiraum für sich und die Partnerschaft. Das Schlafzimmer sollte, sobald die Kinder groß genug sind, zur kinderfreien Zone erklärt werden. Oder suchen Sie sich einen anderen Kuschel- und Rückzugsbereich, der nur Ihnen beiden gehört.
- Richten Sie diesen so ein, daß er Intimität, Wärme und Geborgenheit vermittelt.
- Bringen Sie Ihren Kindern bei (ab vier Jahren sollte es möglich sein), daß Vati und Mutti hier ungestört sein möchten. Kleineren Kindern ab zweieinhalb kann man beibringen, anzuklopfen. Ansonsten besorgen Sie sich einen Babysitter für die gemeinsame Zeit.

Und machen Sie es zum guten Brauch, selbst wenn Sie nur zehn Minuten Zeit haben, sich in *Ihren* Raum zum Kuscheln zurückzuziehen.

tip:

IHR RÜCKZUGSORT

Gleichgültig ob Schlafzimmer oder Baumhaus, jedes Paar braucht einen Ort, an dem es die Sorgen des Alltags vergessen kann, an dem es möglich ist, sich ungestört liebevoll zu begegnen.

- Notieren Sie Ihrer beider Wünsche an diesen Ort: Was soll dort geschehen? Wie sieht er aus? Wonach riecht es dort? Was ist zu hören? Was ist das wichtigste an diesem Ort? Was soll dort auf keinen Fall geschehen? Gestalten Sie den Raum so, daß möglichst viele Ihrer Wünsche erfüllt werden.
- Müssen Sie leise sein? Dann sorgen Sie dafür, daß sich das ändert (sonst geht zuviel Energie verloren). Vorhänge aus schwerem Stoff, kuschelige Teppiche und Textiltapete dämpfen Schall.
- Verbannen Sie alles Störende: den Fernseher, Kinderspielzeug, das Büro, alte Socken. Das wirkt sich positiv auf Ihren Schlaf und auf das Lustempfinden aus.
- Weihen Sie Ihren Raum mit einer kleinen Feier ein.

Lust-voll l(i)eben

Sinnlichkeit & Freude im Alltag

Sie möchten die Liebe nach allen Regeln der Lust genießen? Und vielleicht noch unbekannte Freuden im gemeinsamen Spiel entdecken? Dann finden Sie auf den folgenden Seiten eine unverzichtbare Lektüre für mehr Vergnügen an den feinsten Dingen des Lebens. Viel Spaß beim Experimentieren …

Genießen aus vollen Zügen

So bringen Sie sich mit Leichtigkeit in Stimmung:

In Düften schwelgen

Mit ätherischen Ölen und Kräutern zaubern Sie schnell eine sinnliche Atmosphäre.

Duftlampe

… die entspannt und Lust macht auf mehr:
3 Tropfen Sandelholzöl
1 Tropfen Rosenöl
1 Tropfen Neroliöl
2 Tropfen Ylang-Ylang-Öl
und Wasser in eine Duftlampe geben.

Ob am ersten Abend, wenn Sie noch ein wenig Scheu voreinander haben, oder nach einem anstrengenden Tag: Der betörende Duft wird jeden verführen.

Duftkissen

… auf dem Sie so schnell nicht zur Ruhe kommen:
50 g getrocknete Rosenblätter
30 g Pfefferminzblätter
20 g Rosmarinblätter
5 zerstoßene Gewürznelken
3 Tropfen Patschouliöl auf einem Wattebausch

Nähen Sie ein kleines Kissen aus Rohseide oder Baumwolle für die Zutaten. Die Füllung wirkt nicht nur aphrodisierend, sondern vertreibt auch melancholische Anwandlungen und andere Müdigkeitserscheinungen: So können Sie nächtelang durchlieben. – Nach etwa einem Jahr läßt der Duft nach; erneuern Sie dann die Füllung.

Aphrodiesische Gaumenfreuden

Seit ewigen Zeiten versuchen die Menschen, durch aphrodisierende Speisen dem Liebesleben auf die Sprünge zu helfen – um es nach Lust und Laune treiben zu können wie Aphrodite, die Göttin der Liebe und der Schönheit. Kaviar, Knollensellerie, Zwiebeln und Knoblauch (Achtung Geruch!), ebenso Weintrauben, Kirschen, Erdbeeren, Feigen und Datteln sollen besonders stimulierend wirken. Auch Austern törnen angeblich an. Und Liebstökkel soll viel mehr können, als einfach nur würzen …
A propos Würze: Alles, was scharf ist, soll auch scharf machen, zum Beispiel Ingwer und Chilli.
Nun wissen Sie Bescheid: Sollte Ihnen Ihr Schatz Kaviar, Sellerie oder stark mit Liebstöckel gewürzte Speisen servieren, dann können Sie sich schon mal freuen in Erwartung der kommenden Wonnen.

Genüßliche Orgie in der Wanne

Das sollten Sie sich nicht entgehen lassen, wenn Sie eine große Badewanne haben:

Das Bad als Liebeszimmer

Für ein verträumtes Rendezvous in wohlig-warmem Wasser bereiten Sie einige feine Leckereien, Kerzenlicht und stimmungsvolle Musik vor. Wählen Sie Klänge, die Ihnen beiden gefallen, und stellen Sie die appetitlich angerichteten, aphrodisierenden *Appetizer* in Reichweite.

Wie wär's mit …

- Champagner oder Prosecco, aber nicht im Übermaß – die Libido wird es Ihnen danken
- Lachs und Kaviar auf Toast als zarter Gaumenkitzel
- Austern für schlürfende Vorfreuden
- Waldorfsalat (Sellerie- und Apfelwürfel, Hasel- oder Walnüsse, mit Mayonnaise angemacht) – die Haselnuß galt im Mittelalter als »Sinnbild der Wollust«, und Walnüsse sollen die Hormone in Wallung bringen

Wenn Sie es weniger sittlich, sondern lieber sinnlich und ausgelassen mögen – wie wär's dann mal mit einer kleinen Orgie …?

- Erdbeeren, Weintrauben oder Feigen für den fruchtig-süßen Beigeschmack.

… und dann eintauchen und einfach nur genießen

Für das betörende Bad
1 Liter Buttermilch und
2 Eßlöffel Bienenhonig
ins nicht zu heiße (38 °C) Wasser geben und frische Rosenblätter über den weißen Milchsee streuen.
Sie können in die Buttermilch einige Tropfen ätherisches Öl rühren, ehe Sie sie ins Wasser geben: zum Beispiel die Duftlampenmischung von Seite 37.

So süffig-sinnlich das alles ist – wechseln Sie rechtzeitig ins Schlafzimmer, damit Sie nicht in wohliger Schlappheit viel zu früh einschlafen! Ihre aufgeheizten Körper sollen doch nun bereit sein für lustvoll-verführerische Nachspiele …

Das Feng Shui der Erotik

Spiel mit mir!

Sich necken und kitzeln, Erdbeer-Küsse oder Kissenschlachten: Das Spielerische in der Liebe fördert die Kommunikation, die Fairneß und die Reife für ein bewußtes Zusammenleben. Love-Games bieten außerdem einen unverfänglichen Rahmen, in dem selbst die heimlichsten Wünsche ausgelebt werden dürfen. Sie sind die perfekte Spielwiese, um sich selbst und den Partner lustvoller kennenzulernen und das unter die Haut gehende wohlige Prickeln des Neuen zu verspüren.

Liebes-Ideen

Alles, was Sie benötigen, ist etwas Phantasie und ein paar ausgesuchte Utensilien.
Bei Liebesspielen geht's nicht darum, so schnell wie möglich unterm Laken zu kuscheln, sondern darum, gemeinsame Erlebnisse zu kreieren, die der Liebe neue Impulse geben.
Für die Spielideen, die ich hier vorstelle, brauchen Sie verschiedene Früchte, Würfel, eine Sanduhr, »Handschmeichler«-Halbedelsteine, Bleistift und Schreibblock, Aromaöle und diverse Gegenstände, die sich lustvoll zweckentfremden lassen.

Aufregende Seiten entdecken

- Einer zählt stumm das Alphabet durch, bis der andere »Stop!« sagt. Der letzte gedachte Buchstabe ist das Startsignal für ein flottes Phantasiespiel, denn mit diesem Anfangsbuchstaben sollen nun so schnell wie möglich sechs verschiedene Love-Locations beschrieben werden, beispielsweise beim Buchstaben F: Flugzeug, Freibad, Fotostudio … Wer nach einer ungeraden Anzahl von Runden gewonnen hat, darf sich den Ort aussuchen,

tip:

Kennenlernen – einmal anders

Ein wunderbares (Rollen-) Spiel, um das aufregende Prickeln des ersten Verliebtseins wiederzuerleben: Das »zufällige Wiedertreffen«.

Tun Sie so, als ob … Sie allein durch Florenz flanieren würden, das stimmungsvolle Ambiente der Stadt genießend … Völlig überraschend treffen Sie eine flüchtige Berufsbekanntschaft (die Rolle Ihres Partners) wieder. Erfreut und etwas verwirrt über die Begegnung, verabreden Sie sich spontan zu einem Snack in der nächsten Trattoria. Sie lassen die Erfahrungen der vergangenen Monate, in denen Sie sich nicht mehr gesehen hatten, Revue passieren. Aus einer zunächst schüchternen Begegnung entsteht bei einem Gläschen Wein bald eine knisternde Annäherung, in der Sie sich dann auch gestehen, daß Sie sich schon damals recht gerne gemocht hatten. Einem aufregenden Nachmittag dürfte nun wohl nichts mehr im Wege sein …

an dem er vom anderen verwöhnt werden möchte.

- Oder Sie würfeln so lange um die Wette, bis Sie als erster die Summe 66 erzielt haben. Wenn Sie darüber liegen, wird einfach der nächste Wurf wieder abgezogen – so lange, bis es stimmt. Der Verlierer soll nun für die Dauer eines Sanduhrdurchlaufs eine Liebesaufgabe erfüllen, beispielsweise eine Nackenmassage, tausend Küsse oder ein spontanes Liebesgedicht.
- Ein sehr sinnliches Vorspiel läßt sich mit fünf Halbedelsteinen gestalten: Ihr Partner liegt flach auf dem Rücken, auf beide Innenknöchel, die Handrücken und die Stirn legen Sie je einen Trommelstein. Mit einer weichen Feder streifen Sie nun über Schenkel, Bauch, Arme und Hüften – der Partner darf sich nur so sacht bewegen, daß die Steine nicht herunterfallen. Kann er sich nicht beherrschen, hat er verloren und Sie haben einen Wunsch frei.
Eine spannungsreiche Variante: Das Streicheln und sanfte Betupfen des Körpers mit einem weichen, runden Pinsel aus Marderhaar – vor allem, wenn Sie auf die Pinselspitze einen Tropfen duftendes ätherisches Öl geben (Vanille wirkt sehr aphrodisierend).

- Als Dessert empfiehlt sich das Zungenspiel mit süßen Früchten, am aufregendsten bei verbundenen Augen. Der andere läßt die Erdbeeren, Kirschen, Trauben erst über den Körper des Partners gleiten, bevor sie vernascht werden.
Bei dieser opulenten Variante wird der Partner zum Tablett: Früchte, Pralinen, Honig, Oliven, kurz, alles was saftig, süß oder salzig ist, wird auf Bauch, Brust oder Becken dekoriert und genüßlich verspeist.
Wenn Sie Ihrem Erfindungsgeist folgen, werden Sie ganz neue und aufregende Seiten an sich entdecken, ungeahnte Energien und Energieflüsse für mehr Freude und Balance in Ihrer Beziehung.

So kann Energie wieder frei fließen

Wir leben zwar im Zeitalter der freien Sexualität, vom tabufreien oder gar heilenden Umgang (ja, auch das ist möglich!) mit unserer sexuellen Kraft scheinen wir aber noch meilenweit entfernt zu sein. Eine gestörte Beziehung zum eigenen Körper und die Schwierigkeit, mit den hohen Erwartungen an sich selbst und den Partner zurechtzukommen, schaffen eine Vielzahl neuer Probleme.

Wenn die Energie frei fließt, wenn Lust und Lebensfreude ungebremst sind, wird Sexualität zu einer heilenden und energetisierenden Kraft.

Die dadurch verursachten schmerzhaften Erfahrungen behindern den freien Energiefluß, bremsen Lust und Lebensfreude, nehmen der Sexualität die heilende und energetisierende Kraft.

Lust statt Frust: die »Beckenrolle« stärkt weibliche sexuelle Energie

Um weibliche Schmerz- und Frusterfahrungen endlich zu heilen, statt sie noch weiter zu vertiefen, bedarf es einer neuen Form der Liebe und Sinnlichkeit. Und es braucht ein Wieder-ins-Gleichgewicht-Bringen der natürlichen Sexualfunktionen wie Erregung, Orgasmus, Lust und Ekstase.
Die taoistischen Lehren des Feng Shui liefern hierfür einen reichhaltigen Erfahrungsschatz an Denk- und Übungsmethoden.
Eine ausgezeichnete Übung, um die weiblichen Energieflüsse zu verbessern und zu harmonisieren, möchte ich Ihnen hier gerne vorstellen.

1. Legen Sie sich in einem gut gelüfteten, warmen Raum auf eine mittelharte Matte. Optimal: die Übung im Freien zu machen.
2. Winkeln Sie die Beine an, und stellen Sie die Füße hüftbreit nebeneinander.
3. Nun einatmen und das Becken soweit nach hinten rollen, daß ein leichtes Hohlkreuz entsteht.
4. Beim Ausatmen rollen Sie das Becken wieder nach vorn, bis sich Ihr Gesäß leicht anhebt.
5. Die Rollbewegungen des Beckens sollten locker und rhythmisch sein, zunächst ganz gemächlich und dann langsam schneller werdend – eine Bewegung, die wie von selbst geht, ohne Anstrengung und Verkrampfung, so daß Sie die Übung ohne Unterbrechung 10 bis 15 Minuten durchführen können.
6. Bleiben Sie zum Abschluß mindestens fünf Minuten ruhig liegen, und spüren Sie Ihren Empfindungen nach.

Alles in Fluß: »Zwerchfell-atmung« für beide Partner

Ob Mann oder Frau: Mit einigen Minuten Zwerchfellatmung täglich werden Sie Ihren Körper lehren, von allein tief zu atmen, und zwar in allen Lebenslagen … Dies wird dazu beitragen, die sexuelle Energie durch Ihren gesamten Körper zu leiten.

1. Setzen Sie sich aufrecht auf einen Stuhl, die Füße etwa schulterbreit nebeneinander. Entspannen Sie die Schultern. Legen Sie Ihre Hände auf den Oberbauch.
2. Atmen Sie durch die Nase ein und spüren Sie, wie sich Ihr Unterbauch ausdehnt und das Zwerchfell sich senkt.
3. Atmen Sie kräftig durch die Nase aus, um den Unterbauch wieder einzuziehen, als würden Sie Ihren Nabel Richtung Rückgrat ziehen. Achten Sie auf Ihre Haltung!
4. Wiederholen Sie das bewußte Ein- und Ausatmen jeweils zumindest 18mal.

Nicht zu vergessen: das Feng Shui der Freude

Ja, ja, der Alltag kann schon eine furchtbare Tretmühle sein. Und ehe Sie sich versehen, ist die Luft raus aus Ihrem Liebesleben.
Ein ganz natürliches Mittel, um die Lebensgeister, und damit auch die Lust, zu steigern: Spaß, Lachen, Heiterkeit! Außerdem: wie innen, so außen – Fröhlichkeit wirkt ansteckend. Sie verändern damit auch Ihre Umwelt.

Lachen wirkt auf die Libido

Wer herzhaft lacht, fühlt sich danach wunderbar erfrischt, denn Lachen setzt ein wahres Feuerwerk an Energien frei. Kein Wunder, wenn dabei auch die Libido in den Himmel schießt wie eine Rakete. Lachen entspannt, macht gelöster (was sich auch förderlich auf Ihre Gesundheit auswirkt – fröhliche Patienten genesen schneller!) und sexbereiter (siehe Kasten).

Lachen als Krisentherapie

Lachen steckt nicht nur an, es wirkt auch verbindend und hilft, sich von Spannungen zu befreien. Je mehr gelacht wird, desto eher überstehen Paare Krisen und Tiefschläge. Lachen verstärkt positive Energien. Ein fröhlicher Flirt, sich necken und herausfordern, macht ungemein gute Laune – warum das auf's Anbandeln beschränken? Flirten Sie doch mal wieder mit Ihrer/m »Alten«!

Spaß-Feng-Shui

Ihre Wohnung ist der ideale Ort für »lächerliche« Utensilien und Einrichtungsgegenstände. Dem Alltag ein Schnippchen zu schlagen und gleichzeitig mehr Chi in Ihre Wohnung zu zaubern, kann ganz einfach sein:

- Suchen Sie all jene Problemzonen, die Sie ohnehin demnächst umgestalten möchten, und dekorieren Sie diese mit skurilen, ausgefallenen oder tiefsinnig-doppeldeutigen Bildern und Gegenständen.

Vernachlässigte Raumecken, beispielsweise hinter den Türen, oder ungenutzte Wände in Treppenhaus und Toilette drängen sich dafür regelrecht auf. Erlaubt ist, was gefällt und Spaß macht. Kuriose Sprüche, lustige Postkarten, schrilles und buntes Interieur, Fotomontagen, Collagen, Fußabdrücke Ihrer Freunde an Wand und Decke, zu einer Filmkulisse verarbeitete Farb- und Stoffreste oder einfach ein seltsames Souvenir – die Liste der möglichen »Aktivierer« ist grenzenlos. Sie werden rasch merken, wie sehr Ihnen diese bunte Abwechslung behagt, denn ein spielerisches Umfeld stimuliert Räume und Menschen.

info:

Was beim Lachen im Körper passiert

Beim Lachen werden 17 Gesichtsmuskeln aktiviert, Streßhormone gebremst und Glückshormone durch den Körper gejagt.
Ein Schüttelkrampf erfaßt Zwerchfell und Brustkorb, die Gesichtsfarbe rötet sich, der Puls schnellt auf 120. Der Oberkörper krümmt sich, um Spannung von den Bauchmuskeln zu nehmen.
Die Zuckungen des Zwerchfells stimulieren die Geschlechtsorgane. Der Atem wird mit 100 km/h durch die Luftröhre gepreßt und durch die Kehle gurgeln abhackte Laute mit 270 (Männer) beziehungsweise 500 Hertz (Frauen). Obertöne erreichen sogar eine Frequenz von bis zu 6000 Hertz – deutlich höher als Gesang und Sprache.
Nach etwa sechs Sekunden ist der erste Anfall vorbei, gefolgt von einem zweiten oder dritten. Wenn danach die Anspannung nachläßt, haben Sie sich im wahrsten Sinne des Wortes schlappgelacht – eine wohlige Erschöpfung macht sich breit.

Originelle Objekte wie diese Lampe bringen Spaß und gutes Chi in die Wohnung.

Sollte es Ihnen noch an Ideen mangeln: Besorgen Sie eine dekorative Kiste, in der Sie ab nun Materialreste und kuriose Gegenstände sowie das nötige Handwerkszeug sammeln. Und verblüffen Sie Ihre Gäste beim nächsten Mal mit der Bitte, sich einen netten Beitrag zur Gestaltung Ihrer Wand einfallen zu lassen. Ihre ganz persönliche *Hall of Fame* sozusagen.

Das Feng Shui des Wohlfühlens

Energiereiche Nahrung, frische Luft, die harmonische Umgebung, in der Sie leben und arbeiten, Ihre Wohnung und das gute Feng Shui dieser Wohnung wie auch die lieben Menschen, mit denen Sie sich umgeben – das alles sind Einflüsse, die Ihr persönliches Wohlbefinden entscheidend gestalten.
Aber auch ein schlimmes Umfeld und streßreiche Zeit lassen sich gut überstehen – wenn Ihre Gedanken und Gefühle durch entspannende und erfreuliche Inhalte geprägt werden. Selbst die beste Umgebung nützt nur sehr wenig, wenn im Kopf des Menschen ständig Probleme gewälzt werden.

Freizeit für Körper, Geist und Seele

Um eigene positive Energien zu aktivieren, brauchen Sie unbedingt regelmäßigen Ausgleich durch Urlaub, Freizeit und Spiele – damit der Kopf ein wenig »lüften« kann. Sorgen Sie daher für regelmäßigen Tapetenwechsel, und gönnen Sie sich Abstand vom Trubel des Arbeits- oder Familienlebens, selbst wenn Ihre Zeit noch so begrenzt ist. Nutzen Sie Ihre Freizeit unbedingt für einen Ausgleich.
Yang benötigt Yin (Seite 8): Ein hektischer Alltag ruft daher nach Ruhe; ein spannungsgeladenes Arbeiten verlangt dementsprechend eine Freizeitgestaltung, die hilft, die aufgestauten Energien wieder abzubauen, etwa durch Sport.

Optimal, wenn Sie ein Hobby finden, das Ihnen beiden gefällt – es würde die Gemeinsamkeit stärken und neue Erfahrungen könnten den Alltag beleben.

Energie pur: Das Spiel um des Spielens willen

Wann haben Sie sich zuletzt so richtig unbeschwert ausgetobt? Und wann so richtig vor Lachen gewiehert? Das

Zusammensein mit Ihrem Schatz in Verspieltheit und Ausgelassenheit genossen? Höchste Zeit also für eine Trendwende.

Sehen Sie sich um, und überlegen Sie, wie Sie jetzt und sofort etwas Ausgefallenes erfinden und miteinander spielen können.

- Ließe sich aus den herumliegenden Magazinen nicht eine schöne gemeinsame Liebes-Collage machen? Könnten Sie nicht eine spezielle Musikmischung für fröhlich ausgetobten oder innig-intimen Tanz im Wohnzimmer improvisieren? Warum bauen Sie nicht aus den Bauklötzen der Kinder das Traumschloß von Galaxis sieben?
- Oder vergnügen Sie sich mit pfiffig-kreativen Gesellschaftsspielen bei verspielten Stunden zu zweit oder mit Freunden. Solche unbeschwerten Abende werden nicht nur als Highlights der Woche beliebt sein, sie sorgen auch für frischen Wind in Ihrer Beziehung.

Nehmen Sie's in die Hand, und zwar jetzt!

Das Feng Shui der Liebe ist nicht zuletzt auch ein Feng Shui der Selbstliebe. Achten Sie mehr auf Ihre innere Stimme, stehen Sie mutiger zu Ihren Bedürfnissen. Nur Sie selbst können Ihr Leben verändern – die »Werkzeuge« dazu haben Sie nun an der Hand. Am besten beginnen Sie gleich jetzt, denn so vieles wartet noch darauf, entdeckt und gel(i)ebt zu werden.

Gesucht – Gefunden

Hilfreiche Adressen

Versender für westliche Feng-Shui-Artikel

Einen reichhaltig bebilderten Produktkatalog »Vom richtigen Wohnen« können Sie gegen einen Druck- und Portobeitrag von DM 5,–/öS 35,– (in Briefmarken oder als Internationale Rückantwortscheine der Post) bei einem der beiden Versender gerne anfordern.

Willy Prenzel Handels-GmbH
Willy-Penzel-Platz 2
D – 37619 Heyen
Fax: 05533 / 97 37 67
Versand nur in Deutschland

Feng Shui Acadamy
Günther Sator
Atterseestraße 4
A – 5310 Mondsee
Fax: (0043) 06232 / 48 1 36
Internet:
http://www.fengshui.co.at
E-Mail: fengshui@ping.at
Versand in Österreich und allen anderen Ländern außer Deutschland

Feng-Shui-Seminare

Hagia Chora
Schule für Geomantie
Luitpoldallee 35
D – 84453 Mühldorf
Fax: (0049) 08631 / 37 96 34

Isolde Schaeffer
Die Feng Shui Agentur
D – 80798 München
Keuslinstraße 1
Fax: (0049) 089/272 22 31

Buchtips

Mehr über Feng Shui

Meyer, Hermann/Sator, Günther: Besser leben mit Feng Shui; Irisiana/Hugendubel Verlag, München 1997

Sator, Günther:
Feng Shui. Leben und Wohnen in Harmonie;
Feng Shui. Die Kraft der Wohnung entdecken und nutzen;
GU Drehscheibe Feng Shui;
Feng Shui für jeden Garten;
Feng Shui – Garten für die Sinne;
alle Titel: Gräfe und Unzer Verlag, München

Sator, Günther: Feng Shui. Die verborgene Kraft des Arbeitsplatzes; Signum Verlag, Wien 1998

Sheldrake, Rupert: Das Gedächtnis der Natur; Piper Verlag, München 1993

Spear, William: Die Kunst des Feng Shui; Knaur Verlag, München 1996

Wühr, Dr. Erich: Gesund durch Chinesische Heilkunst; Gräfe und Unzer Verlag, München 1996

Rund ums lustvolle Leben

Chang, Stephen T.: Das Tao der Sexualität; Goldmann Verlag, München 1995

Druden, Sirene H./Pleterski, F. (Hg.)/Habinger, R.: Verzaubern und Verführen; Ch. Brandstätter Verlag, Wien 1998

Eggertsberger, Gerhard H.: Power für Paare; Orac Verlag, Wien 1997

Fischer-Rizzi, Susanne: Botschaft an den Himmel – Anwendung ... von duftendem Räucherwerk; Irisiana/Hugendubel Verlag, München 1996

Gray, John: Mars, Venus & Eros; Goldmann Verlag, München 1996

Hendl, Claudia: Wer lacht, hat mehr vom Leben; Midena Verlag, Augsburg 1998

Hunkel, Karin: Die Kraft der Farben; Gräfe und Unzer Verlag, München 1996

Krahl, Gisela/Riepe, Andrea: Wonnestunden; Wunderlich Verlag, Reinbek 1990

Werner, Monika: Ätherische Öle; Gräfe und Unzer Verlag, München 1996

Sachregister

Über den Autor

Günther Sator ist Maschinenbauingenieur, Kommunikations- und Managementtrainer; Ausbildungen als Umweltberater, Lebens- und Sozialberater.
Nach schwerer Erkrankung frühzeitige Beschäftigung mit Methoden ganzheitlicher Lebensgestaltung und längere Aufenthalte im Ausland. Bereits 1983 Kontakt mit Feng Shui und seit damals weltweites Studium dieser Lehre bei Experten östlicher und westlicher Herkunft.
Erster europäischer Feng-Shui-Berater, der von Anfang an diese Methode unserer westlichen Kultur anpaßte und es zu einem modernen und in unseren Breiten praktizierbaren Selbsthilfe-Werkzeug formte.
Heute ist er einer der führenden westlichen Berater für Privatkunden, Hotels, Banken und Gewerbebetriebe, anerkannter Seminarleiter und Begründer der Feng Shui Academy.
Herr Sator ist Autor mehrerer erfolgreicher Bücher zum Thema Feng Shui und dessen praktischer Anwendung in Wohnung, Garten und am Arbeitsplatz.

Wichtiger Hinweis

Die Ratschläge des vorliegenden Buches wurden sorgfältig recherchiert und haben sich in der Praxis bewährt. Alle Leserinnen und Leser sind jedoch aufgefordert, selbst zu entscheiden, ob und inwieweit sie die Anregungen in diesem Buch umsetzen wollen. Autor und Verlag übernehmen keine Haftung für die Resultate.

Bildnachweis

Fotos: Tom Roch
Zeichnungen: Martin Scharf

Weitere Fotos:
Mauritius/S. Pearce: Titelfoto
Bilder pur: J.&.L.Weber/P.Arnold/Okapia S. 12 links, M. Chillmaid/OSF/Okapia S. 12 rechts, D. Rose/Okapia S. 13 links, Uselmann S. 13 Mitte, E. A. Soder/Okapia S. 13 rechts;
Hülsta S. 2, 15, 16;
Ifa: P. Sinclair S. 23 (Foto im Hintergrund);
Ingo-Maurer-Archiv S. 3, 44;
Image Bank: Chronoscope S. 28, 3, 44, Britt Erlanson S. 32; Johnny A. Ready S. 34; Marc Romanelli S. 41, David de Lossy S. 45
Stock Imagery/Bavaria S. 3, 38
TCL/Bavaria S. 24, 26, 42;
Tony Stone: Stefan May S. 2, 36;
Zefa: H.G.Rossi S. 33

Impressum

Projektleitung:
Angela Hermann-Heene
Redaktion und Gestaltung (DTP):
Felicitas Holdau
Umschlag- und Innenlayout:
Heinz Kraxenberger
Herstellung:
Susanne Mühldorfer
Lithos: Repro Schmidt, Dornbirn
Druck u. Bindung: Alcione, Trento
ISBN 3-7742-4332-8

Auflage	5.	4.	3.	2.	1.
Jahr	03	02	01	00	99